7Days Inn

- 7天连锁酒店，首家在美国纽交所上市的中国酒店企业
- 7天连锁酒店，中国酒店业达7000万规模会员体系的拥有者
- 7天连锁酒店，中国酒店业科技及创新模式的领航者
- 7天连锁酒店，更经济、更高品质商旅住宿的标杆企业

7天连锁酒店，靠的是什么

经济型酒店成功的标杆

江美亮　编著

SPM
南方出版传媒
广东经济出版社
·广州·

图书在版编目（CIP）数据

7天连锁酒店，靠的是什么：经济型酒店成功的标杆/江美亮编著. —广州：广东经济出版社，2016.8
ISBN 978-7-5454-4512-1

Ⅰ.①7… Ⅱ.①江… Ⅲ.①饭店-连锁企业-商业经营-研究Ⅳ.①F719.2

中国版本图书馆CIP数据核字（2016）第061446号

出 版 人：姚丹林
责任编辑：李惠玉
责任技编：谢 莹
封面设计：李康道

出版发行	广东经济出版社（广州市环市东路水荫路11号11~12楼）
经销	全国新华书店
印刷	中山市国彩印刷有限公司（中山市坦洲镇彩虹路3号）
开本	730毫米×1020毫米 1/16
印张	11.5
字数	162 000字
版次	2016年8月第1版
印次	2016年8月第1次
印数	1~5 000册
书号	ISBN 978-7-5454-4512-1
定价	36.00元

如发现印装质量问题，影响阅读，请与承印厂联系调换。
发行部地址：广州市环市东路水荫路11号11楼
电话：（020）38306055 37601950 邮政编码：510075
邮购地址：广州市环市东路水荫路11号11楼
电话：（020）37601950 营销网址：**http://www.gebook.com**
广东经济出版社新浪官方微博：**http://e.weibo.com/gebook**
广东经济出版社常年法律顾问：何剑桥律师

PREFACE 前言

7天连锁酒店作为中国市值第一的经济型酒店品牌企业，自2005年在广州开出第一家分店以来，一直保持行业领先的扩张速度，在创建头3年均以每年近400%的增速发展，即便是遭遇金融危机后的2009年，仍然保持了高速增长，并在纽约证券交易所成功上市。2012年，7天连锁酒店又成为中国酒店行业史上唯一一个年开店数量突破400家的经济型酒店。如今，7天连锁酒店的规模已跃居行业第一，成为国内经济型酒店行业的领头羊。

7天连锁酒店作为最善于创新突破的经济型酒店行业的领军者，自成立伊始便坚持以创新为本，不仅通过业界首创的直销低价模式为消费者提供了真正的经济实惠和快捷便利，更以舒适干净、快乐自主的理念和行动帮助消费者获得了高性价比、高附加值的入住体验。基于功能强大的IT部署、放羊式管理的经营策略，以及对消费诉求的精准把握，“整合信息，匹配商业需求”的搜索营销核心价值在7天连锁酒店品牌为消费者打造的各个产品和服务层面均得以完美呈现。

7天连锁酒店不但做到了这些，还一直坚持其独特的高端经济型酒店的管理理念。7天连锁酒店可谓引领了一批经济型酒店的时尚潮流，其辅以会员制、垂直切割、放羊式等管理方式，搭建了一个客户、员工、股东利益和谐统一的价值体系，用符合普世价值观的治理方法，让员工活在一个更加“快乐”的环境里，员工得以自动自发地自我成长。

7天连锁酒店为何能取得成功呢？除了众人皆知的黄色大楼外，7天连锁酒店还有哪些鲜为人知的故事呢？《7天连锁酒店，靠的是什么——经济型酒店成功的标杆》一书将从以下九个方面对7天连锁酒店予以一一解读。

★差异定位，铸就了7天的品牌

★优质服务，造就了7天的长远发展

★管理模式，健全了7天的加盟方式

★多种渠道，形成了7天的营销模式

★创新品牌，提升了7天的市场地位

★创新理念，提高了7天的核心竞争力

★执着追求，成就了7天的世界梦

★快乐服务，传递了7天的企业文化

★乐于奉献，体现了7天的社会责任

在不同人的眼中，7天连锁酒店有着不同的形象，编者只是从个人的思维角度对7天连锁酒店进行了观察、解读。在本书的编写过程中，由于编者水平有限，加之时间仓促，错误疏漏之处在所难免，敬请读者批评指正。同时，部分图片与文字内容引自互联网媒体，请原作者看到本书后及时与编者联系，以便支付稿酬。

编者

2016年7月

CONTENTS 目录

“亮丽的黄色楼体和醒目而夸张的数字‘7’，俨然成为众多城市里熟悉的一道风景线。只要看到黄楼，就知道快到7天分店了。”这让7天大胆创新的酒店外观在全国各地刮起了“黄色7旋风”，不但令消费者迅速记住了这个品牌，而且还为精明的消费者带来了一种“超值享受优质产品和服务”的新理念。

第四章　多种渠道，形成了7天的营销模式 / 57

“铂涛会”拥有会员8000万人，是中国经济型酒店中规模最大的会员体系。作为业内科技领先者，7天采用哪些营销模式赢得这么多的会员呢？其实，7天最具有特色的还是微信营销模式、APP营销模式、“铂涛会”营销模式、跨界营销模式和活动营销模式。

在经济型酒店的主流市场一、二、三线城市中，7天以“天天睡好觉”为核心理念，立足于满足大众消费人群的住宿需求。7天旗下的两个新品牌则面向两个不同的市场：7天优品侧重一、二、三线城市市场，将为消费者提供更有品质、更为舒适的酒店产品；7天阳光则主要面向三线以下的城市市场。这样在经济型酒店的主流市场里，7天就稳稳地占据了一、二、三线城市的市场。

创新是企业持续发展的原动力。7天通过一系列的创新理念，努力实现“客户受益最大”的目标，致力向7天会员们提供更具人性化、更便捷的优质酒店及会员服务，使消费者真正感受到“天天睡好觉”的愉悦。

7天的规模早已跃居行业第一，成为国内经济型酒店行业的领头羊。在未来，7天品牌仍将坚持向深度和广度快速发展，预计到2020年，7天将达到5000家连锁酒店的规模，成为中国酒店业举足轻重的品牌。

“快乐文化”是7天积极倡导的企业文化，在扁平化企业管理下，7天开创了区域执政官和公司立法会等创新管理机制，让员工成为公司管理的参与者。7天认为，快乐的情绪是可以相互传递和感染的：有舒畅快乐的工作氛围，才有快乐服务的员工；有快乐服务的员工，才有愉快满意的酒店顾客；有愉快满意的顾客，才有企业的发展。

近年来，7天联合会员持续关注儿童公益事业，开创了企业公益新模式。作为公益事业的发起者与传播者，7天结合企业自身的优势和特点，提供给大众亲身参与公益事业的机会和平台，带动更多的人参与到公益行动中来。

导读　7天连锁酒店成功的秘诀

在国内经济型酒店整体市场环境不太乐观的情况下，7天连锁酒店（以下简称“7天”）保持持续盈利的成功秘诀是什么呢？

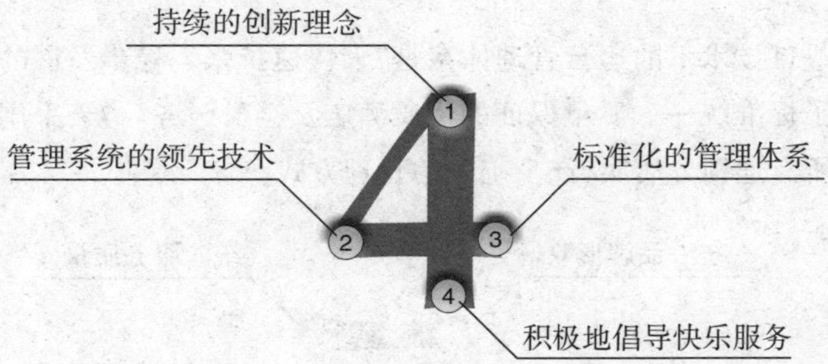

7天成功的秘诀

秘诀一　持续的创新理念

创新是企业持续发展的原动力。7天创新精髓贯穿于企业发展的全过程：

（1）采取“多区域核心城市第一”的发展模式迅速占领全国市场。

（2）运用全新的会员营销模式，打造8000万会员体系，塑造品牌影响力。

（3）使用“鼠标+水泥”的经营模式，缔造出业内第一电子商务平台，创办了国内首家品牌经济型酒店联盟——星月联盟。

（4）巧用“放羊理论”发挥人才自主性，以降低企业的管理成本。

7天通过一系列的创新理念，努力实现“客户受益最大”的目标，致力向7天会员们提供更具人性化、便捷化的优质酒店及会员服务，使消费者真正感受到“天天睡好觉”的愉悦。

秘诀二　管理系统的领先技术

“鼠标+水泥”的经营模式造就了7天在业内技术领先的地位。利用IT技术进行整合管理，7天已建成国内独家集互联网络、呼叫中心、短信、手机WAP及店务管理为一体的系统，24小时为客户提供以下便利预订方式，包括：微信预订、APP预订、网上预订、热线预订、WAP预订、短信预订，消费者可随时选择自己喜欢的方式进行查询、预订。

秘诀三　标准化的管理体系

基于先进IT技术下的运营管理体系是7天快速扩张、稳步发展的有力保证。为客户提供了标准统一、质量保证的优质酒店及会员服务。7天采用标准化运营体系对旗下所有连锁分店实行5个统一的管理方式。

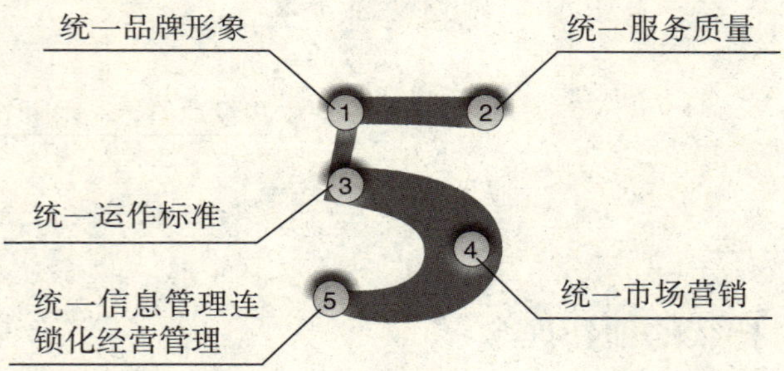

五个统一的管理方式

秘诀四　积极地倡导快乐服务

7天积极倡导“快乐自主，我的生活”品牌理念，努力为消费者带来多层面的快乐消费体验，主要表现在：

（1）通过满足客户核心需求，提供给客户睡眠的快乐。

（2）24小时6种便利自主预订方式，满足客户自主的快乐。

（3）推出多项会员专享服务，给客户独有的贴心的快乐。

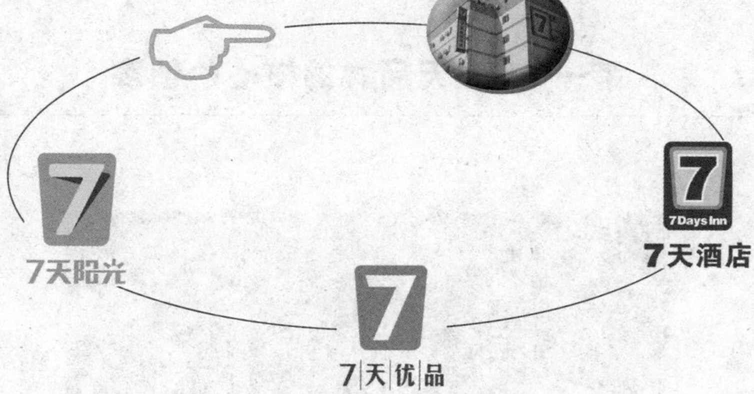

第一章 差异定位，铸就了7天的品牌

导言：

“品牌”是一种无形资产；“品牌”就是知名度。有了知名度就具有凝聚力与传播力，企业就有了发展的动力。因此，7天采用差异定位的方式对旗下三个子品牌进行管理，所以，才有了7天这个知名度很高的连锁酒店。

第一节　7天品牌的核心价值观

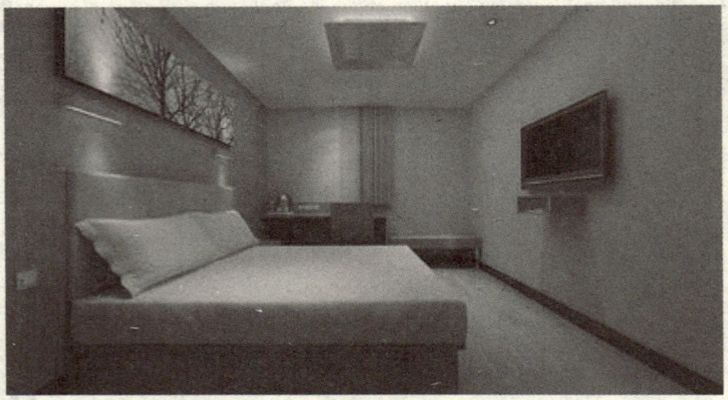

7天的客房

一、品牌的精髓是年轻的选择

年轻，是积极进取、是敢于尝试、是简单、是自在、是追寻希望与梦想、是不随波逐流，做回真正的自己。

年轻是一种态度，与岁月无关。“也许皱纹终将爬上额头，但你可以选择不让皱纹印在心里。”7天以“年轻的选择”为核心价值观，在表达7天与时代同步、永远代表年轻的同时，更希望消费者都能选择年轻的生活态度——年轻人应该活出自信、活出真我，用个性与激情点缀青春的精彩；年长者也可以像年轻时那样活着，改变自己，重温青春的感动，寻找简单纯粹的快乐。

7天的三个品牌宣传

以年轻的心对待生活中的每一次选择。选择7天，选择与众不同，选择做个年轻人。

二、7天品牌家族的核心价值观

2014年4月16日，铂涛酒店集团旗下的7天品牌在广州举行了9周年庆典。7天品牌总裁、铂涛酒店集团高级副总裁苏同民在会上宣布了7天品牌家族正式增加的两位新成员：7天优品和7天阳光。由此，7天品牌家族成员包括：以方便快捷备受消费者欢迎的7天酒店、定位于商务时尚的高端经济型酒店产品7天优品和定位为都市时尚的经济型酒店产品7天阳光。

7天品牌家族具体的核心价值观如下图所示。

7天品牌家族

- 7天酒店：7天酒店立足于满足大众消费人群的核心住宿需求：秉承让顾客“天天睡好觉”的愿景，致力为会员提供干净、舒适、快乐的住宿环境和氛围。直销低价、1.8米大床、星级优眠床垫、睡前牛奶、毛巾封包、Q+品质认证和快乐服务等独特的核心产品竞争力深受消费者的喜爱和认同
- 7天优品：7天优品是一个有着独特想法的高端经济型酒店，拥有率性的灵魂、优雅的气质和自然随性的生活态度。致力于以简约时尚的设计、优质舒适的产品和年轻快乐的服务，为商旅客人创造更舒适、更轻松、更自在的年轻生活方式
- 7天阳光：7天阳光秉承时尚、简约、别致、温暖、舒适的设计理念，将都市时尚的概念融入设计，紧贴悠闲生活的品质追求，同时也将都市酒店的创新设计与精巧别致的生活细节巧妙融合，为客户带去触手可及的都市时尚和闲情逸致的悠然生活

7天品牌家族的核心价值观

第二节 7天的品牌主张是什么

7天旗下的7天酒店、7天优品和7天阳光三大酒店产品共同诠释了“年轻的选择”这一7天品牌的核心价值主张。

一、什么是品牌主张

品牌主张是指企业向消费者所传达的核心认同和价值观。品牌是一种市场承诺，表现出品牌的一贯立场，表明品牌极力满足人们的某种需要，让人们看到它存在的价值及其精神内涵。可以说，品牌主张在品牌的塑造过程中有着十分重要的地位，是把静态品牌活化与人格化的一种关键策略。品牌主张一经确立，企业的一切传播和营销活动便必须围绕其展开。7天旗下的三大产品共同诠释了“年轻的选择”这一核心品牌价值主张。

7天的广告

二、7天品牌主张的核心

7天以年轻群体及保持年轻心态的人群为核心消费群，主张选择年轻的生活方式，以聆听者、践行者和梦想家为价值承诺，专注于对旅居空间“年轻”属性的创新和开发。青春活力的设计风格、自由表达的公共空间、新鲜趣味的快乐时光、对简约品质的不懈追求和至真至YOUNG的真性情全力缔造了卓越独特的“年轻”体验。在7天，心会跟着年轻，7天是乐于投资“年轻心态”旅客的首选品牌。

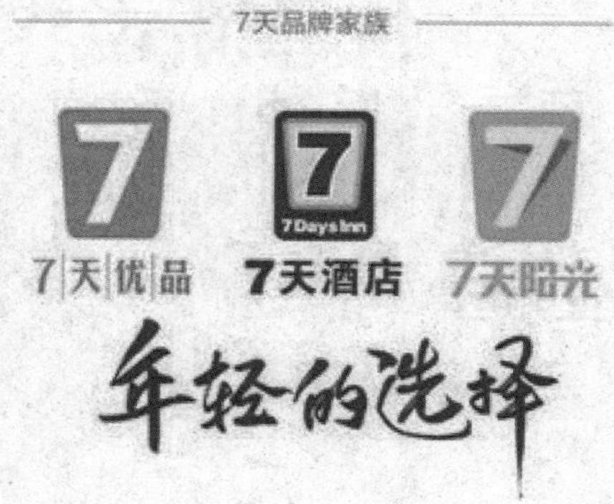

三、7天品牌实现了两大平台的价值闭环

7天是铂涛集团旗下的经济型酒店品牌。管理者很善于挖掘会员平台上细分人群的共性需求，通过品牌创建平台进行资源共享，吸引富有消费者洞察力的创业团队和职业经理人加入，从而创建多个品牌。其中有：

（1）7天酒店：年轻的选择。

7天品牌的广告

（2）7天优品（7 Days Premium）：优享新世界。

7天优品的广告

（3）7天阳光（7 Days Sunshine）：快时尚慢生活。

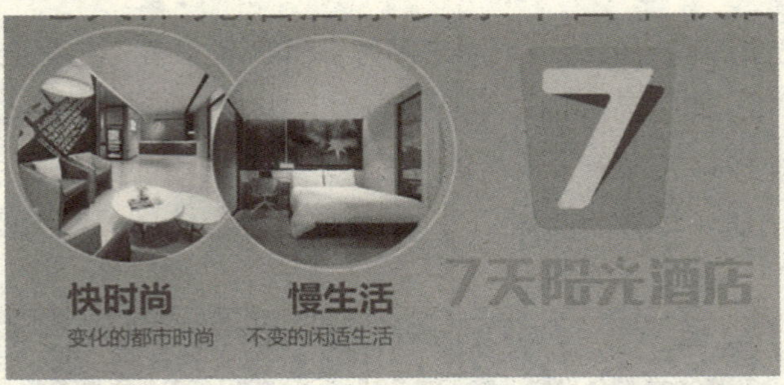

7天阳光的广告

7天实现了会员平台与品牌创建平台两大平台的价值闭环（见下图），最终形成铂涛集团的体验品牌圈。

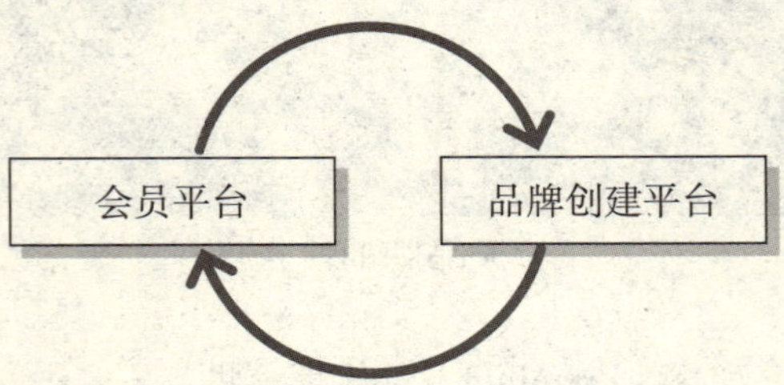

铂涛集团的两大平台

四、7天品牌核心新元素

新时代消费升级的概念不断清晰，消费者对酒店的需求已经发生了变化，在“便捷、卫生、安全”等核心需求被满足后，消费者更愿意选择让自己喜欢、能产生情感共鸣的产品与服务。

1．7天优品和7天阳光的诞生

在铂涛酒店集团联席董事长、首席品牌建构师郑南雁先生的“品牌先导”理论的指导下，7天开始在新的市场环境和消费需求下催生品牌新元素。在7天新的酒店产品中，大家可以明显地感觉到这一变化。7天优品首创了多功能的主题优吧，满足住店客人的休闲社交需求，高科技3D空间技术帮助住客摆脱都市奔波烦嚣，放松身心。7天阳光用高科技为轻松舒适的酒店生活增添了更多的都市时尚感，除了进入客房的自动音乐问候以及40寸智能网络电视之外，客人还可以通过7天阳光的微信互动平台结交志同道合的朋友。

2．新产品、新元素满足了7天的品牌核心价值主张

这些新产品、新元素的共同特点就是满足了7天的8000万会员在实现住宿功能需求的同时，对于简约品质旅途生活的新追求。7天消费群体所提倡的正是当今“逐渐回归生活本质，特别是消费决策理性回调和消费导向时尚同步”的消费主张。这与7天所推崇的简单、自主、不随波逐流的生活态度，适度、理性的消费理念不谋而合，也就是7天一以贯之的品牌核心价值主张——“年轻的选择”：年轻是一种积极参与世界、感受世界、改变世界的生活方式。选择7天的消费者，不论年龄，实质上都是选择了这种年轻的生活方式。这样的主张让7天成为符合会员自身价值感和认同感的品牌，也推动了7天长远的发展。

五、7天品牌旗下的两个市场和三个产品

国内经济型酒店市场经过10多年的发展，已经出现了进一步细分的趋势。7天品牌旗下的三条酒店产品线已成为针对经济型酒店市场的一个组合产品矩阵。

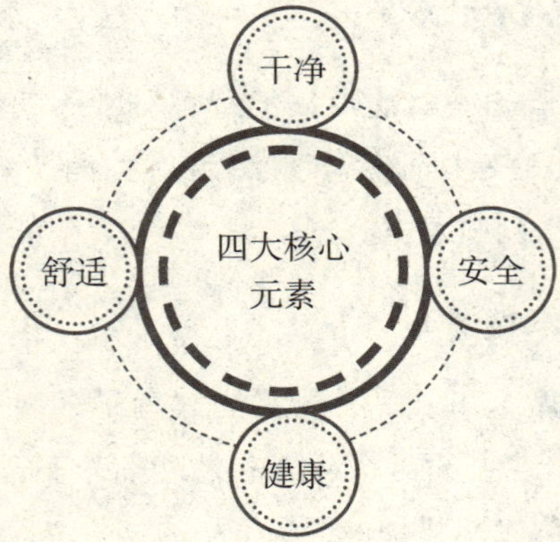

7天产品的核心元素

在经济型酒店的主流市场一、二、三线城市，7天酒店仍将继续以“天天睡好觉”为产品核心概念，立足于满足大众消费人群的核心住宿需求。

7天优品为一、二、三线城市市场提供了更有品质、更为舒适的酒店产品。

7天阳光面向四、五线城市的县镇市场，在满足消费人群核心住宿需求的基础上，增强酒店的设计时尚感，提升酒店档次，适当增加会友聚客的功能。有人把7天这一发展策略形象地概括为“2个市场，3个产品”，如下图所示。

7天品牌旗下的2个市场和3个产品

7天酒店　7天优品　7天阳光

扩展阅读

7天品牌荣获“中国大学生最喜爱的十大酒店品牌”

随着社会文明程度的不断提升，消费者越来越崇尚简约出行和理性消费，经济型酒店因此成为大众首选，其中，引领大众选择和发挥意见领袖作用的就是大学生群体。2014年7月17日，“2014中国品牌传播高峰论坛暨中国大学生最喜爱的品牌盛典”在上海举办，7天品牌凭借天天睡好觉、低价直销、睡前牛奶、封包毛巾、Q+品质认证和快乐服务等独特的核心产品竞争力得到了广大高校学子的喜爱和认同，荣获“中国大学生最喜爱的十大酒店品牌”。

7天荣获“中国大学生最喜爱的十大酒店品牌”

本届“中国大学生最喜爱的品牌”盛典主题为“彰显品牌价值、传播品牌未来”。据了解，从2014年4月到6月，上海交通大学公共关系研究中心、社会调查中心历时3个多月，对国内33座城市、123所知名高等院校的12300名大学生、研究生进行调查，最终发布了《2014年中国大学生消费行为与品牌认知调查报告》，并出炉“2014中国大学生最喜爱的十大品牌榜单”，此榜单覆盖行业广、涉及企业多，奖项具备权威性和公正性。

7天品牌获奖的调查报告图片

2014年4月16日，7天品牌发布品牌新形象：“以‘年轻的选择’为品牌主张，一方面，我们希望表达7天与时代同步，永远代表年轻；另一方面，也希望消费者都能选择年轻的生活态度。”7天品牌相关负责人在接受采访时表示：“此次7天品牌能成为大学生最喜爱的酒店品牌，我们感到非常非常高兴，因为大学生是新时代的生力军，能被他们所喜爱，就代表我们在引领这个行业与时代，也代表我们的品牌主张‘年轻的选择’讲出了他们的心声，是他们所选择。‘年轻本与年龄无关，年轻就是一种生活态度，年轻代表积极进取，活泼和乐观，敢于尝试；年轻意味着希望总在前面；年轻又伴随着个性张扬与叛逆。以后，7天品牌将一直年轻下去，将继续引领这个行业，倡导年轻的价值观，为我们的消费者创造更多的价值！’”

第三节　7天的品牌理念是什么

一、什么是品牌理念

品牌理念是指能够吸引消费者，并且建立品牌忠诚度，进而为客户创造品牌（与市场）优势地位的观念。

品牌理念应该包括核心概念和延伸概念，必须保持品牌理念与概念的统一和完整，具体包括企业业务领域（行业、主要产品等）、企业形象（跨国、本土等）、企业文化（严谨、进取、保守）、产品定位（高档、中档、低档）、产品风格（时尚、新潮、动感）等的一致。

二、以“年轻的选择”为核心价值观

7天以“年轻的选择”为核心价值观，在表达7天与时代同步、永远代表年

轻的同时，更希望消费者都能选择年轻的生活态度——年轻人应该活出自信，活出真我，用个性与激情点缀青春的精彩；年长者也可以像年轻时那样活着，改变自己，重温青春的感动，寻找简单纯粹的快乐。

以年轻的心对待生活中的每一次选择，选择7天，选择与众不同，选择做个年轻人。

三、顾客成为服务的核心

在互联网时代，顾客成为服务的核心，在经济型连锁酒店模型基础上，除了提供环保、健康的硬件环境，7天还倡导“快乐自主，我的生活”的品牌理念，在产品及服务流程的设计上不断整合创新，提供更具人性化、便捷化的优质酒店及会员服务。

四、品牌特点的唯一性

7天是目前业界唯一将网站和酒店数据库完全对接的，如果在网上查没有房间就一定没有。价格也只有会员价和门市价两种。在互联网时代，顾客会轻易地找到各种价格差异。“会员在网上看到的信息是公开和透明的，公司禁止删除投诉，一来督促员工提高服务质量，二来赢得消费者的信任。”这样的网络系统一方面降低了来自呼叫中心等方面的成本，另一方面有意培养顾客使用互联网订房的习惯，在网上只要进行3次点击就可以完成1次预订，一些熟练的会员只需15秒左右就可完成预订。

扩展阅读》》

铂涛酒店集团荣膺“最具发展价值品牌酒店集团”

2013年11月8日，第六届世界酒店论坛暨世界酒店·五洲钻石奖颁奖盛典在北京隆重举行。联合国世界旅游组织、中国国家旅游局等相关负责人，以及国内外酒店业多位专家和业内人士出席。会上，铂涛酒店集团获评“最具发展价值品牌酒店集团”。

世界酒店论坛是国内酒店业每年最具影响力的品牌盛会，其五洲钻石奖更是经过组委会专家评审组对2013年度酒店投资与管理、酒店配套企业，以及酒店设计行业的优秀企业和优秀个人进行长期、综合、客观的严格评定后，所推出的年度酒店行业大奖。

在颁奖盛典上，铂涛酒店集团（Plateno Hotels Group）荣膺“最具发展价值品牌酒店集团”奖项。这充分表明了铂涛酒店集团品牌先导的发展理念与市场潜力已得到业内的充分肯定。

铂涛酒店集团创立于2013年，是由何伯权、郑南雁等7天集团原有股东，携手全球著名的投资基金凯雷投资集团、红杉资本共同组建的航母级酒店集团。2013年7月，铂涛酒店集团成功地完成了对国内知名经济型酒店品牌——7天的私有化收购，并一举发布推出铂涛菲诺Portofino Hotel、丽枫Lavande Hotel、喆·啡James Joyce Coffetel、Zmax Hotel等4个个性十足的高、中端酒店新品牌。

铂涛酒店集团联席董事长郑南雁表示，铂涛是国内酒店行业首家依托品牌创建及驱动的强大实力，多角度、多层次满足消费者个性需求的酒店集团。集团将致力于把创造力和酒店行业的特性紧密结合，不断创造出符合消费者内心价值感的、具有个性的酒店品牌，真正满足消费者“住自己喜欢的、贴近自身价值取向的酒店”的深层次需求。

中国旅游研究院院长戴斌教授在本次大会“开启中国酒店产业的时尚之路”的主题发言中表示，随着大众旅游消费的升级和技术进步，酒店已经成为百姓生活的时尚选项。酒店业者需要更加关注年轻人的旅游方式，特别是旅游住宿消费行为的变迁与旅游消费者在异地的生活方式。对于酒店品牌的创建和设计团队而言，应当更关注游客在旅行过程中的情感诉求与时尚归属感，让酒店业界的商业创新始终建立在广大人民群众的生活需求上。

戴斌表示，铂涛酒店集团的品牌创建模式十分符合酒店时尚升级和国内消费升级的大趋势，他很看好铂涛酒店集团未来的发展。

扩展阅读

7天蝉联“C-BPI中国快捷酒店行业第一品牌”

2013年11月23日，由工业和信息化部指导、中国企业品牌研究中心、中国广告主协会联合发起的第二届中国品牌领袖峰会暨2013年C-BPI行业第一品牌颁奖盛典在北京隆重召开，工信部科技司、工信部中小企业发展促进中心的相关领导，国内外知名品牌的高管以及品牌营销专家出席了峰会。

在本次峰会上，中国企业品牌研究中心发布的年度C-BPI（中国品牌力指数）研究成果显示，7天（铂涛酒店集团旗下品牌）以547.7分成功蝉联“2013年C-BPI中国快捷酒店行业第一品牌”称号。

据介绍，中国品牌力指数（China Brand Power Index，简称：C-BPI）是受工信部专项资金扶持的中国品牌建设基础工程。作为一个连续的年度调查项目，中国企业品牌研究中心是根据中国消费者对使用或拥有过的产品，或服务反馈意见所进行的独立研究、测定影响消费者购买行为的品牌力指数的机构。

本次2013年C-BPI调查区域覆盖全国30个城市，调查对象为15～60岁之间的常住居民。在今年调查的170个行业的第一品牌中，有66%的行业第一品牌由本土品牌获得，34%的行业第一品牌由国际品牌分享。在对比近几届的品牌排名后可以发现，市场上的领先品牌是有延续性的，品牌的培育与发展需要企业的长期管理，本届有19%的行业第一品牌属于强势蝉联，如7天、三星、万达等，仅有6%的行业第一品牌是首次夺魁。

工信部科技司副司长沙南生在峰会上发言指出，品牌是市场竞争中企业所要求具备的素质和能力。培育品牌意味着企业要更加深入地了解消费者需求，以更好地满足消费者物质和精神的需求。

7天创立于2005年，近10年来一直保持行业最快的扩张速度，品牌影响力和竞争力已持续得到加强。2013年7月，7天被铂涛酒店集团成功私有化收购，成为该集团旗下的全资子品牌。在完成私有化后，7天进一步加快了规模扩张势头。截至2013年9月30日，其全国分店总数（含筹建）达到1888家，覆盖国内近300个主要城市，已成功跃居行业规模第一，成为国内最大的经济型酒店品牌。未来，7天会以持续的品牌管理来强化行业第一品牌的优势。

第四节　7天的品牌宣传

一、什么是品牌宣传

品牌宣传以品牌形象宣传为主，区别于产品宣传，目的为树立品牌的知名度。设计内容主要就是LOGO，广告语，产品或代言人。作为企业与消费者之间沟通最有效的方式，品牌传播可以提高企业的知名度、塑造企业形象、建立企业美誉度、培养品牌忠诚度，为促进企业的发展起到事半功倍的作用。

7天连锁酒店集团
7Days Inn Group

7天的LOGO

7天的广告语

7天的产品之7天阳光

7天的产品之7天优品

扩展阅读 》》

晒创意睡姿赢7天代言人

7天在网络上发起了面向7天会员的“创意睡姿真我呈现”睡眠大使选拔赛。会员只要随手拍下家人或朋友各种妙趣横生的创意睡姿，并上传到7天官网，记录下快乐的生活点滴，和网友分享优质睡眠的体验，7天将在参与的会员中，选出12名“睡眠大使”候选人，通过最终面试的候选人将获得7天“睡眠大使”称号并可签约成为7天的会员代言人。拍摄的宣传硬照将出现在全国1000多家7天分店以及7天官网，传播“天天睡好觉”的理念。

7天长期关注酒店优质睡眠空间，并推出了“Q+服务认证”项目，包括床垫床品升级、10秒速热淋浴、免费Wi-Fi、洁净毛巾封包等。据悉，目前已获得该项认证的近600家7天分店中，使用的是目前业内著名的品牌床垫——雅兰护脊床垫和Simmons美健床垫。

二、7天品牌的宣传语

由于7天有不同层次的品牌，所以其也采用了不同的宣传语言来做相对应的品牌宣传。

（1）人生因“选择”而璀璨，同时也因“选择”而黯淡。无论你年龄几何，只要选择年轻，你的人生就注定与众不同！

（2）选择自信，勇敢超越自己；选择真我，绽放别样魅力光彩；选择洒脱，释放纯真简朴的渴望！

（3）选择简单，卸下心灵负重，让步履轻盈；选择改变，世界也将为你而改变！

（4）7天，年轻的选择！

三、通过活动进行品牌宣传

7天很注重对品牌的宣传，经常会通过一系列的活动来进行品牌宣传，比如：《中国梦之声》联手7天打造中国偶像、7天还倡导“快乐自主，我的生活”的品牌理念。

扩展阅读

《中国梦之声》联手7天打造中国偶像

作为《中国梦之声》的唯一合作酒店，7天在大连站、成都站两场试音会现场，通过品牌展示等一系列活动为宣传造势。

7天大力赞助的《中国梦之声》第二季，以及2014年9月6日成都站试音会均火爆完美落幕。试音会海选阶段的选拔告一段落，挑选出的一批光芒闪耀的未来之星进入到复赛。作为《中国梦之声》的唯一合作酒店，7天集团在大连站、成都站两场试音会现场，通过品牌展示、未来之星年轻风采展、饮品赠送等一系列活动参与试音会，并为宣传造势。

《中国梦之声》联手7天的宣传活动场景

7天对《中国梦之声》的支持并不局限于现场活动，热爱音乐并敢于自我表现的7天员工和会员代表纷纷踊跃报名参赛，在试音会赛场上用勇敢和自信唱出7天人的精神，将7天品牌的精髓“年轻的选择”的内涵完美诠释，也给原本就火爆的试音会增添了专属7天人的年轻色彩。

在大连和成都两站试音会的现场，7天的两位新宠——7天优品和7天阳光也华丽亮相。在试音会现场的品牌展示区内，宣传海报和床品展示全方位地展现了两大新品牌的定位与理念，将7天优品高端经济型酒店和7天阳光都市时尚酒店的品牌定位直观地呈现在大家面前，充分地诠释了7天不断创新、改变，以更好地为顾客创造更优质的入住体验的追求。

现今电视媒体上活跃着许多选秀节目，7天最终选择大力赞助《中国梦之声》，正是由于两者相似的品牌诉求。7天倡导忠于自我、积极进取的年轻态度，恰恰是梦之声选择优质偶像的一大标准。本次大力赞助《中国梦之声》，也是通过这个年轻且充满梦想的舞台将7天对“年轻”的精彩诠释传递给亿万观众和8000万尊贵会员。

扩展阅读 》》

7天还倡导“快乐自主，我的生活”的品牌理念

在2008年的5月，为了配合成都市政府倡导活跃市场，重塑成都商业氛围，促进复苏成都旅游业，7天宣布在成都分店进行房价让利优惠活动。本次让利优惠活动将在7天成都区域的7家分店全面铺开，为期3个月。让利优惠活动包括：大床房价格调整为99元，商务大床房价格调整为117元。

据了解，在2008年5月下旬，7天成都分店的入住率已逐步恢复。在当时，7家店平均入住率已达80%，部分分店的经济房、商务房周末入住率达到了100%。7天成都公司总经理方强表示：“地震给四川的商业带来了影响，为了配合政府关于重塑成都商业氛围的号召，7天成都酒店身体力行地加入到支持号召的行列当中，充分发挥7天的优势，为成都商业、旅游复苏尽一分力。”作为一

家覆盖全国网络的酒店，7天拥有分店超过250家，会员超过200万人。通过本次房价让利活动，7天希望能促进来自全国各地的会员前往成都旅游，以达到消费者、成都旅游业以及企业三方共赢的局面。

方强还透露，地震没有影响到7天新店装修开业的进程，7天在成都的第8家分店在7月下旬开业了。在2008年下半年，有2家7天新店开业了。在2008年一年里，7天在成都就开了10家分店，在总体房间的供应量上位于当地酒店的前列，更好地为广大消费者服务。7天对成都酒店业前景非常乐观，下一步还有增资计划。

扩展阅读

7天“中国品牌巡礼”长沙站火热启动

凭借科技和服务上的持续创新，截至2013年3月底，7天已经拥有了1600家分店，覆盖了全国223个主要城市，会员体系增长至近6000万人，继续保持业内第一的规模。为感谢众多会员的关注和支持，7天于2013年6月30日在长沙正式举办了“中国品牌巡礼”会员回馈活动。

2013年，7天计划在全国范围内举办4～6场“中国品牌巡礼”大型会员回馈活动，长沙是系列巡礼继武汉之后的第二站。为了提升活动的趣味性和参与性，7天特别为会员设置了丰富多彩的线上线下互动游戏。自6月21日起，7天与长沙门户网站“腾讯—大湘网”联袂合作，推出名为“‘湘’7天，豪礼送不停”的线上专题活动，网友可以通过该专题页面了解7天品牌信息，报名参加6月30日的“中国品牌巡礼”现场活动，还可以参加互动游戏，赢取iPad Mini、免费客房等丰厚奖品。

2013年6月30日，7天“中国品牌巡礼”长沙站活动在长沙最繁华的商业中心——悦方ID Mall拉开帷幕。在活动现场，消费者可以亲身感受7天提供的众多优质产品和服务，参观7天客房样板间，体验7天为会员专业打造的优质睡眠空间。除了动感十足的流行音乐、“美眉”们清凉劲爆的水鼓表演，现场还组织铺床挑战赛、7天幸运大骰子等各种趣味有奖互动游戏。观众们在一显身手的同时，还可赢取全国1600家7天分店通用的免费房大奖、出行必备的7天双肩背包等丰富奖品。会员在现场和7天Q宝公仔合影并发微博与好友分享，更有机会赢取由7天官方微博送出的额外微博大奖，精彩内容不容错过。

7天负责人表示，在长沙站活动结束之后，7天的“中国年度品牌巡礼”活动将继续移师成都、深圳等重点城市。伴随着7天会员数量的快速增长和分店规模的持续扩张，7天希望通过线上线下等多渠道、多接触点的活动，与会员进行更多的互动与沟通，以了解会员的需求，从而更好地服务和回馈会员。

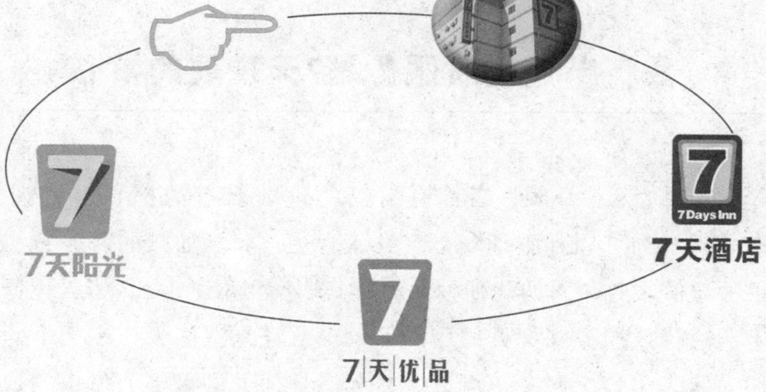

第二章
优质服务，造就了7天的长远发展

导言：

“亮丽的黄色楼体和醒目而夸张的数字‘7’，俨然成为众多城市里熟悉的一道风景线。只要看到黄楼，就知道快到7天分店了。”这让7天大胆创新的酒店外观在全国各地刮起了“黄色7旋风”，不但令消费者迅速记住了这个品牌，而且还为精明的消费者带来了一种“超值享受优质产品和服务”的新理念。

第一节　优质服务是7天发展的核心

对于优质服务，每家酒店都有自己的理解。有的把它理解为“微笑服务”，有的理解为“周到服务”，有的认为是“宾至如归的服务”，还有的认为是“一种超值服务”，如此种种，都有其切实可取的一面。7天也像传统的酒店一样，通过优质服务来提升酒店的形象。服务是酒店无形和无价的商品，随时随地地向客人出售。服务也可以说是为满足他人的需要而付出的智能和必要的劳动。

一、顾客得到了“超值优质”的服务

“超值优质”服务，7天是如何做到的呢？“我们以保障消费者核心需求为前提，运用了‘加减法则’来改变成本的结构，实现了基于企业和消费者的双赢格局。”被喻为“成本杀手”的7天CEO郑南雁貌似简单的一句话，却蕴涵着对消费者核心需求的深刻了解。据悉，7天通过成本上的控制，令消费者既不用花费更多的成本，又得到了“超值优质”的服务。

【服务案例01】7天注重细节的服务

7天注重细节的服务

在北京的一家7天，清晨一开门，一名漂亮的服务员微笑着和我打招呼：“早，滕先生。”“你怎么知道我姓滕？”“滕先生，我们每一层的当班服务员要记住每一个房间客人的名字。”我心中很高兴，乘电梯到了一楼，门一开，又一名服务员站在那儿：“早，滕先生。”“啊，你也知道我姓滕，你也背了上面的名字，怎么可能呢？”“滕先生，上面打电话说您下来了。”原来她们腰上挂着对讲机。

于是，她带我去吃早餐，餐厅的服务人员替我上菜，都尽量称呼我滕先生。这时来了一盘点心，点心的样子很奇怪，我就问她："中间这个红红的是什么？"那个服务员看了一下，就后退一步说那个红红的是什么。"那么旁边这一圈黑黑的呢？"她上前又看了一眼，又后退一步说那黑黑的是什么。后退一步就是为了防止她的口水会溅到菜里。

我退房离开的时候，刷卡后他把信用卡还给我，然后再把我的收据折好放在信封里，递给我的时候说："谢谢你，滕先生，真希望第七次再看到你。"第七次再看到？原来那次我是第六次去北京。

3年过去了，我再没去过北京。有一天我收到一张卡片，发现是他们酒店寄来的："亲爱的滕先生，3年前的4月16日你离开以后，我们就没有再看到你，酒店全体上下都想念得很，下次经过北京一定要来看看我们。"下面写的是"祝你生日快乐"。原来写信的那天是我的生日。

二、"加减法"带来"超值优质"的体验

1. 成本上通过"减法"再返还给消费者

兼顾到安全、静音和环保功能把窗户改小了；原本要装在每个房间的吹风筒，只在每层楼梯口装一个；房屋里的长型桌子不装抽屉……尽管7天一直以做"减法"著称，但是在消费者关注的核心元素上，7天一直采取的是"加法"。

2. 核心元素上采取"加法"

即通过将"减法"节省出来的成本全部再投入到消费者直接得益的"加法"环节，并力求超越同行水平。这样的例子在7天的超值优质服务中随处可见，如下图所示。

服务一　为了确保客人"天天睡好觉"，7天把大床加宽到1.8米，用上了五星级酒店水准的床垫，配上了高级洁白的床上用品

服务二　为了让客人能洗个舒服的热水澡，7天专门研发了获得专利的整体卫浴设计，使淋浴间更有品质感，沐浴效果更加舒适

服务三	为了改善客人的睡眠环境，7天又在客房的小窗户上增设了双层隔音玻璃，还将推出特殊材料定做的隔音门，以最大限度地降低噪声，营造更加宁静舒适的客房空间
服务四	为了表达对客人的独特关怀，7天还给消费者提供了健康新体验，从健康舒睡的睡前牛奶、专业健康的荞麦枕头到健康实惠的营养早餐，总给客人以惊喜

7天的超值优质服务

这些看似简单的健康关怀服务，却处处体现出7天的细致、用心。7天恰到好处的“加减法则”为消费者带来了“超值优质”的舒畅体验。

【服务案例02】体现亲情服务的风范

体现亲情服务的风范

在某晚20：00，301房刚入住的宾客站在门口叫：“服务员，我的房卡怎么打不开门？”

服务员答道：

（1）“请给我试一下好吗？”服务员接过房卡一试，门开了，服务员回答宾客：“可能刚才您使用不当，您看，门现在开了。”

（2）“请给我试一下好吗？”服务员接过房卡，边试边说：“您将磁条向下插进门锁，待绿灯亮后，立即向右转动把手，门就可以开了。”门开后，服务员将房卡插入取电牌内取电。

三、精明环保理念迎来“酒店环保新思维”

伴随着健康理念的风行，以及现代人环保意识的增强，环保成为中国经济型酒店的新时尚。然而，在关注消费者核心需求的同时，又能巧妙地把环保概念融入产品品质提升中，7天可谓是当中的佼佼者。环保概念主要体现在下页图所示的几个方面。

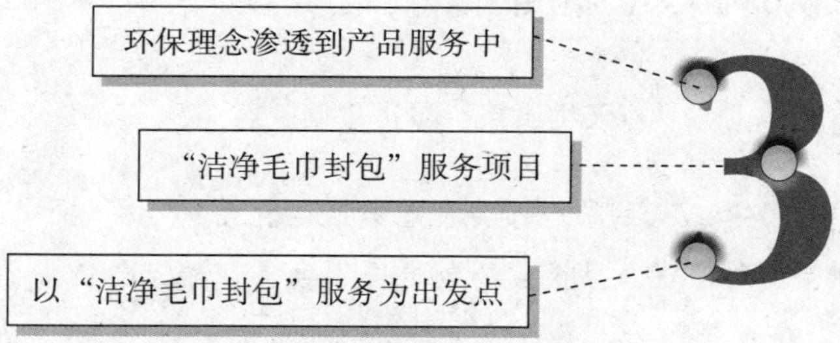

7天的环保新概念

1. 环保理念渗透到产品服务中

从客房特有的小窗口的设计到楼层自主电吹风；从摈弃一次性用品，在业内率先推行可携带洗漱用品套装——精致旅行包，到成为业内首家应用“空气源热泵技术”环保节能的经济型酒店，7天把精明的环保理念渗透到产品服务的各个方面。

2. “洁净毛巾封包”服务项目

最为令人称赞的是7天最新推出的“洁净毛巾封包”服务项目。这正是7天推行精明环保理念的最好佐证。目前，国内酒店的毛巾用品大都定期进行洗涤消毒后重复使用。但是，多数消费者出于对裸露毛巾洁净程度的担心，很少使用酒店提供的毛巾用品。由于无法识别毛巾是否已被使用过，大多数酒店只能选择对全部毛巾进行重复洗涤。

3. 以“洁净毛巾封包”服务为出发点

“洁净毛巾封包”服务的出现改变了这一切。为洁净毛巾穿上一件封闭包装的外衣，不但有效地防止毛巾在运输等过程中有可能出现的二次污染，消除了消费者的疑虑，而且解决了未被使用毛巾反复清洗的问题，从而使洗涤厂每天使用的化学用品减少了。众所周知，在洗涤处理过程中产生的大量化学用品不但有损人体的健康，而且容易污染地表水质，破坏环境，7天推出“洁净毛巾封包”服务，并对使用后的包装袋进行集中回收处理，无一不是从环保、节约、服务客户的角度出发，持续满足消费者核心需求，真正倡导“酒店环保新思维”。

【服务案例03】7天优质接待赢得了回头客

7天优质接待赢得了回头客

一个傍晚，上海某7天的前台接待员小陈正在值班。

一个外国年轻人背着一个很大的包走进大堂，他看了看四周，又看看自己很脏的旅游鞋，停住了脚步。犹豫了一会儿，他还是走到总台："请问，这儿有比较廉价的房间吗？"说完，还未等小陈回答，他又说道："我想你们这边一定没有我要的那种房间了。"

听完该年轻人的话，小陈友好地对他说："也许我们酒店没有您需要的房间，但是我们还有另外一家酒店。"听到这里，年轻人充满了希望地问："那么单人间住一晚要多少钱？""大概100元人民币，您觉得怎么样？"年轻人的脸上露出了一丝为难，说："我是一个穷留学生，要住好几天，这个房价恐怕还是偏高，我看算了。"说着就要往外面走去。外面的天色已晚，客人又是一个人生地不熟的外国客人，要找一个廉价的住处，太不容易了。

小陈想了想，然后追了上去："请等一等，我知道这附近小巷里还有一家不错的客栈，单人间的房价在60元左右，如果您愿意的话，我可以立即派一名行李员带您过去。"年轻人听到这个消息，脸上立刻露出了笑容："啊，真是太好了，太感谢你了。我以后一定给你个惊喜。"小陈又说："不必客气，能给您提供帮助我感到很荣幸，再说这些都是我应该做的。"

几周后的一天，酒店前台来了一老一少两个外宾。正在值班的小陈惊奇地发现那个年轻的外宾正是那天的那个穷留学生，只是今天他一身整齐的西装，与那天的情况完全不同。见到小陈，年轻的外宾说："谢谢你，那天要不是你，我就可能要流落街头了。这是我父亲，他在中国有一家科技公司，不过我还是靠自己打工留学的。正好，过几天我父亲的公司有一个为期三天的重要会议要召开，我向他介绍了你们酒店，今天过来看看，同时要把酒店的会议安排在这边。我父亲说了，如果这次的感觉好，以后有活动都可以放在这边。"

听了年轻外宾的一番话，小陈连忙说："谢谢你们的关照，同时我代表酒店感谢您的信任，我们一定会尽全力让您满意的。"随后，小陈给客人办理了预订。

第二节　服务特色赢得客人心

7天通过精明环保的理念，具有特色的产品服务，持续满足消费者的核心需求，势必赢得消费者的好感和品牌忠诚度。7天的环保服务特色主要体现在设计简洁、装修简单，不将钱浪费在大堂外观，却投入重金在核心产品上，包括五星级的知名品牌护脊大床、高低荞麦枕头、十秒速热节水淋浴、封包浴巾（避免二次污染，淀粉材料制作）等方面。如下图所示。

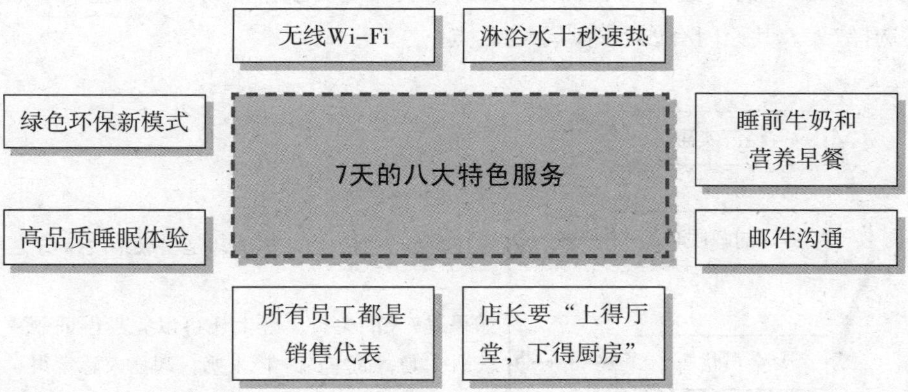

7天的八大特色服务

一、绿色环保新模式

7天创新绿色环保酒店的新模式，率先走出低碳道路，将一次性酒店用品从房价中剥离，代之以高品质酒店用品，实行会员自主选择，做到了“自选我所需、房价更经济”。由于杜绝了一次性用品浪费，7天得以将节省下来的成本以更优惠的房价、更高品质的服务形式返还给消费者。

7天实施环保行动，控制了分店每天的耗能量。7天引导的是绿色环保的消费方式，也是为了7天做的每件事除了盈利之外更有意义。7天为了环保做了很大的贡献，也让人们对7天有了更大的信赖，因而也同样促进了7天的发展。

二、高品质睡眠体验

酒店，对于普通人来说，可能只是旅途中的一站。但对于常年在外出差的商旅人士来说，酒店却是另一个家。经济型连锁酒店已成为目前大部分商旅人士的入住首选，然而，由于其在酒店的时间比常人都长，他们对酒店的要求也与别人不同。睡眠环境和酒店服务是他们关注的核心内容。像7天，就一直将“天天睡好觉”作为服务理念，赢得了许多商旅人士的青睐。

由于工作原因，商旅人士常常会辗转于各大城市之间，因为是公干，精神状态一定要饱满，他们对于入住酒店的睡眠环境要求非常高，所以他们一般都会选择7天。其原因有如下图所示的几点。

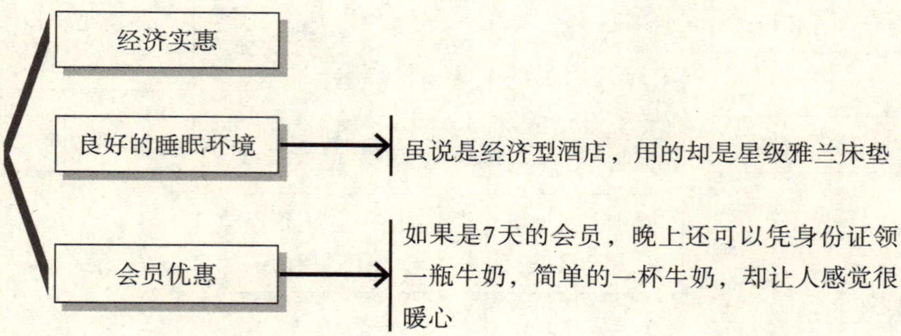

商旅人士选择7天的原因

7天一直在致力于为旅客打造优质睡眠空间，在酒店隔音设施上，也不断完善：窗户改小，在节约成本的同时，墙体的隔音度比窗户高，隔音效果也增强了；门窗加装了隔音木和隔音条，挡住噪声入侵；走廊铺上柔软的地毯，防止门外的走路声扰人清梦。

扩展阅读

斥巨资联手雅兰，7天剑指高品质酒店

9月26日，7天CEO郑南雁与雅兰集团董事兼深圳雅兰家具有限公司总经理施莉琳，在广州正式签署了联合推广雅兰护脊床垫的战略合作协议，率先在经济型酒店引入拥有多项专利的雅兰护脊床垫。据郑南雁透露，7天一直致力为顾客提供高品质的产品和服务，此次与雅兰联手，是7天打造高品质酒店的又一重大举措。7天计划在2年内斥资数千万元，逐步将旗下酒店的床垫升级为雅兰护脊床垫，给广大7天会员及顾客带来更高品质的全新睡眠体验。

三、无线Wi-Fi

现在的旅客在出差或者旅游中，都非常重视酒店是否提供上网服务，特别是商务人士。为了更好地满足顾客的需求，7天率先在经济型酒店行业中采用方便快捷的无线Wi-Fi。7天提供有线和无线两种上网方式，为顾客解决了一个上网难题。7天提供的无线Wi-Fi充分体现出其最优性价比产品优势及维护消费者核心利益的诉求，这给顾客选择7天提供了一个更加清晰和充分的理由，让7天赢得了更多的市场份额，并继续领跑国内经济型酒店市场。

四、淋浴水十秒速热

在忙碌了一天后，能够洗个舒服的热水澡是很多人的期望。7天提供的淋浴水量充足，而且从打开水龙头到有热水只要10秒钟，不仅时间短，而且水量充足。

五、睡前牛奶和营养早餐

7天给每一位入住的会员提供一份睡前牛奶，这项服务是最受顾客欢迎的项目之一。7天提供的早餐项目，是一个没有盈利的经营项目，可对于一些商旅客人来说，有一份简单、清淡的早餐也是提高工作效率、生活品质的一个重要因素。

六、邮件沟通

7天从CEO到员工都有一个带有酒店名称并且是实名制的邮箱。顾客与员工通过邮件可以无障碍地沟通，这一点是很多酒店企业无法做到的。然而，7天做到了。

扩展阅读》》

“第一次银川之行”入住7天（银川北京路店）

7天的特色可能就是晚上有牛奶，早餐只要7元吧，这两项服务都不错哟。这间7天是在一个院子里，环境很安静，唯一的缺点是院内的停车场可能不是7天的，单位来接送，进出几分钟的时间还要收停车费，晕。

酒店反馈：

尊敬的会员朋友：您好！感谢您在百忙之中对分店的宝贵建议，给您带来不好的入住感受，分店向您道歉。由于分店所处的位置属于物业的大院，停车场是属于物业方管理的，进出收费也是物业方面操作的，分店方面只能解决晚上过夜停车的问题。非常感谢您提出的宝贵意见，再一次感谢您对分店的宝贵点评，分店全体员工真诚地欢迎您再一次快乐入住本店！谢谢！

七、所有员工都是销售代表

所有员工都是销售代表也是7天的一个特色。销售不但是销售员的事，也是前台接待和客房服务员的事，所以，7天的每一名员工都对本店的房价和优惠信息了如指掌，这样既增加了酒店的业绩，又增加了员工之间的凝聚力。

八、店长要“上得厅堂，下得厨房”

作为服务行业，就算级别再高，顾客在你面前也永远都是“上帝”。所以，7天的每一个店长都能“上得厅堂，下得厨房”，他们不仅要打扫客房卫生，还得回复客人的点评，这也是7天的CEO强调的一个服务宗旨。

九、与7天社区会员共同分享所见所闻

每一天都是新的开始，每一天都有新的精彩，无论是客户的所见所闻，还是所感所悟，都可以与人分享，无论是快乐的，还是失落的，都会因为分享和分担而变成客户难忘的感受。

登录7天官网，进入7天社区，就能与近8000万会员分享生活的点点滴滴，不仅能交到新朋友，获得实用的旅行信息，还能预订酒店、玩游戏，更有可能赢得免费住房机会。

十、自选的消费模式、价格经济又实惠

（1）7天推出了全新的消费模式——自主房型+选我所需。

（2）7天官网上预订的自主房型，自动剔除了客户贴身使用并可能自带的

生活用品费用（洗漱用品、面巾及拖鞋）。如需使用，会员也能通过网上预订或分店购买选择合适的生活用品包，以满足客户高品质享受的需求。

营养早餐

7天旅行套装

乐之旅旅行套装

美临旅行压缩型毛巾

舒蕾高级套装

黑妹洗漱套装

7天提供的自选消费品

十一、自主便捷的多项服务设施

旅客入住7天后，在店里有随手可得的多种自助生活设备，以贴心照顾旅客的入住需要，让旅客的出行更舒适、更便捷。

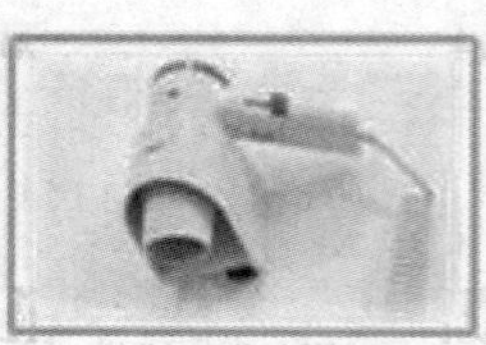

自主吹风机

自主上网机

自主干衣机、洗衣机

7天提供的多项服务设施

第三节　拓展服务赢得了客户的认同

7天不但从企业的角度思索7天的价值与服务作用，在满足客户的同时，还实现了7天的价值目标。7天知道，只有对客户有价值，才有与客户合作的基础。7天在推广产品的同时，也在设身处地地从客户需要的角度考虑。

一、会员贴心服务，出游更顺心

（1）延迟退房到13: 00（金卡、白金会员14: 00）。

（2）订单保留到19: 00（金卡、白金会员20: 00）。

（3）入住免押金（金卡、白金会员专享）。

（4）离店免查房（金卡、白金会员专享）。

（5）7×24小时短信客服。

（6）7×24小时网站客服小秘书。

二、机票预订和租车服务，轻松伴你行

（1）7天官网的机票频道提供覆盖全国各航空公司各航班的机票预订服务，更设有特价机票专区，以惊喜超低价起售，票价实时更新!

（2）7天官网的租车频道提供全国20多个主要城市的汽车租赁服务，助你出行无阻!

（3）7天的早餐包括中式包点、西式面包、水煮鸡蛋、豆浆、营养五谷粥和新鲜果蔬，完全符合营养专家推荐的“钙+蛋白质+维生素+碳水化合物”的营养搭配，让你从营养早餐开始快乐的一天。

扩展阅读

7天荣膺“世博卓越服务奖”

2010年11月18日，由中国经营报、中外文化交流协会、复旦大学管理学院等单位联合举办的“上海后世博经济发展论坛”在沪举行，7天集团受邀出席，并在随后的“你让世博更美好”大型颁奖典礼上荣膺“世博卓越服务奖”。

在当天的论坛上，就本届世博会对企业营收和品牌的拉动作用、企业如何面对后世博时期的机遇和挑战、上海未来的产业发展方向等议题，出席论坛的众多政府方面、学术界及企业界的人士展开了深入讨论。7天上海分公司总经理胡隽在发言中表示，7天的世博服务得到中外客人的肯定，这令7天上下深感荣幸和鼓舞。世博会后，7天将持续围绕顾客的多重需求，不断提升酒店产品与服务品质，稳健与创新并举，为广大顾客和会员提供更便捷、更高品质的酒店产品和服务。

近年来，国内旅游业取得了令人瞩目的发展，商旅客户人数迅猛增长，同时也催生了众多经济型酒店品牌。据统计，世博会期间，上海接待中外游客总人数超过7000万人，单日到访游客人数峰值时曾一度突破100万人，这对本地商旅住宿服务企业，尤其是经济型酒店提出了更高的要求。

自成立以来，7天始终致力于以会员直销的创新模式打造高品质经济型酒店。为了实现让顾客“天天睡好觉”的目标，满足逾1400万会员的核心需求，7天率先推出10秒速热恒温淋浴、毛巾独立封包等创新的高品质产品与服务，并协同宝洁、高露洁等知名企业推出可供顾客“自选我所需”的高品质酒店用品。从2010年9月开始，7天又首开先河，在经济型酒店行业第一个引入知名品牌雅兰护脊床垫，以确保顾客获得更高品质的睡眠体验。

以“城市，让生活更美好”为主题的上海世博会，在推动本地经济发展、提升国家形象方面发挥了巨大作用，是有史以来最为精彩的一届世博会。以7天为代表的经济型酒店品牌企业则以高品质的产品和服务，通过科技与服务的不断创新，为上海世博会的成功举办及当地旅游业的发展做出了应有的贡献。

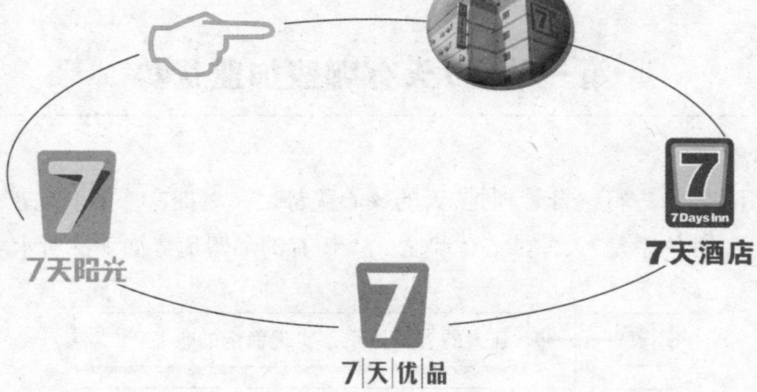

第三章
管理模式，健全了7天的加盟方式

导言：

7天是酒店业的知名品牌，具有很强的行业竞争力。其拥有强大的会员体系，实现了稳定的收益；其因地制宜的管理模式，省去了管理的烦恼。另外，还有专业的团队支持，提供优质的服务。

第一节　7天有哪些加盟优势

利用IT技术进行整合管理是7天的核心优势之一。拥有一整套基于先进IT技术的运营管理体系是7天的核心优势之二。还有的加盟优势如下图所示。

1 → 强大的会员体系，实现稳定的收益
2 → 酒店业知名品牌，聚集全国拥护者
3 → 高效运营系统，回报更高
4 → 管理直营模式，省去管理烦恼
5 → 专业支持团队，提供优质服务
6 → 投资方管理系统，公正、透明、放心
7 → 电子商务领航者，引领网络消费潮流

7天的加盟优势

一、强大的会员体系，实现稳定的收益

7天以互联网、手机为核心，结合传统的呼叫中心的订房方式，打造强大的会员输送体系：

（1）7天目前有效会员近8000万人。

（2）80%的客人通过中央系统预订。

（3）会员对客房预订的贡献率高达98%。

（4）7天具备酒店行业最强大的客源输送能力。

二、酒店业知名品牌，聚集全国拥护者

7天在国内经济型酒店业名列前茅，拥有3个第一的称号，具体如下图所示。

- 行业品牌第一：7天于2012年、2013年蝉联工信部“中国品牌力指数评选”之“快捷酒店行业第一品牌”；于2014年第五次荣获“中国酒店星光奖”之“中国最佳经济型连锁酒店”称号。7天是在消费者影响力中排名第一的品牌
- 行业规模第一：7天版图覆盖中国300多个主要城市，分店数量有2000多家。8000万会员在7天2000多家分店网点自由流动，7天分店规模稳居行业第一
- 行业创新第一：7天以创新为发展文化，无论是创建酒店行业第一电商平台，还是引入垂直切割原理，无论是奉行先人后事的用人原则，还是对内实施“放羊式管理”模式，7天一直引领着行业创新

7天的3个第一称号

三、高效运营系统，回报更高

（1）总部统一进行管理，能有效控制运营成本。

（2）拥有电子商务等预订系统，大力优化预订流程，降低人工成本。

（3）“放羊式”酒店总经理自主经营，提高酒店的运作效率。

（4）低人房比、高开房率，保障投资的高收益。

（5）创新、开放的企业文化，为酒店高效运作带来更多的选择。

四、管理直营模式，省去管理烦恼

管理直营的加盟方式，分享7天高效的运营体系，享受与7天直营店同等的

管理、支持与服务：

（1）专业酒店总经理进行酒店经营管理。

（2）收益、服务、销售、人事4线支持。

（3）品质和安全、财务、文化3线监管。

（4）强大的会员输送、统一的促销推广。

（5）开放、透明的酒店运营状况查询系统。

五、专业支持团队，提供优质服务

（1）投资团队：选址评估、收益分析。

（2）筹建支持团队：方案设计指导、工程施工指导、共享战略施工队、共享中央采购系统。

（3）合作支持团队：业务对接、政策解读。

六、投资方管理系统，公正、透明、放心

（1）快速、便捷的信息发布及沟通平台。

（2）透明、公开、公正的运营数据查询。

（3）包括运营报表、财务报表、人力资源报表、实时房态等。

（4）酒店经营成本、经营状况一目了然。

七、电子商务领航者，引领网络消费潮流

（1）根据酒店业最新权威数据显示，7天官网访问量持续列全球酒店网站首位。

（2）运用电子商务和会员制的经营模式，成就酒店业当之无愧的科技领航者。

（3）通过电子渠道便捷地实现订房、支付及参加互动，吸引日益庞大的网上消费群体，顺应网络消费发展趋势。

（4）实现企业门户网站和数据库完全对接的商务平台。

扩展阅读 》》

7天创新管理模式被哈佛商学院案例库收录

由中山大学岭南学院陈刚副教授撰写的以7天连锁酒店（铂涛酒店集团旗下品牌，以下简称“7天”）创新经营管理模式为研究范本的案例7 *Days Inn*: *Operation Strategy* 被世界最大的商业案例库哈佛商学院案例库收录。

陈刚副教授在2011—2012年期间，对7天进行了持续一年的调查研究，并最终完成了以7天运营策略为主体的案例撰写。案例对7天创新经营管理模式进行了详细的解读与深入的分析。该案例在2012年底就被全球第二大商业案例供应商——加拿大IVEY商学院案例库收录。今年，哈佛商学院在合作院校案例选取过程中，亦将此案例收录进入哈佛案例库。

自2005年创立以来，7天一直以其创行业纪录的发展速度、极具创新的管理理念和发展模式闻名，先后提出了“垂直切割”“放羊式管理”等一系列全新的运营管理理念。7天的创新经营能力以及由此取得的发展成就，正受到来自国内外学术界越来越多的关注。

近年来，7天先后接待了中山大学岭南学院、中欧国际商学院、英国兰卡斯特大学管理学院、西班牙IESE商学院等国内外著名商学院的学术访问和交流；“7天连锁走进名校商学院”系列管理论坛亦先后在清华大学、上海交通大学等中国著名高校成功举行。以7天为范本的商业案例已经被中山大学岭南学院、加拿大IVEY商学院案例库先后收录；而此次被世界顶尖的哈佛大学商学院成功收录，又恰逢7天分店数量突破2000家、规模跃居经济型酒店行业第一的关键时刻，这无疑是7天发展史上的又一个重要里程碑。

第二节　7天的加盟政策及费用

如果你想要加盟7天的话，就得了解7天的加盟政策及相关费用。在此将7天对于加盟商的要求及所需费用做一个详细介绍。

一、7天的合作模式

7天有两种合作模式，如下图所示。

7天酒店与7天优品是“管理直营”合作模式

+

7天阳光是区域整体加盟+标准店管理模式

7天的两种合作模式

1. 7天酒店与7天优品是“管理直营”合作模式

7天酒店与7天优品的投资模式不同于传统的酒店加盟，投资者只需投资建设标准的7天，随后由7天进行经营管理。在此种模式下运营的酒店，称之为“管理店”。酒店的营业收入为投资者所有，7天仅收取低廉的合作费、收入提成等费用，以管理直营的模式实现投资者的利益最大化。管理直营加盟模式的要求如下图所示。

管理直营加盟模式的要求

序号	类别	具体说明
1	服务支持	品牌使用，协助筹建，开业前顾问服务，开业后总经理统一经营管理，包括员工招聘、培训，酒店日常经营，财务管理，促销推广等全方位管理工作
2	会员输送	提供全国8000万铂涛会员的免费输送，入住7天的顾客98%以上为铂涛会员，仅有极少数是通过中介带入，大力降低了经营成本，培养了长期忠实的顾客与品牌拥护者
3	运营过程	将分店完全纳入7天运营体系进行经营管理，享受与直营店同等的管理、服务、营销系统、会员输送等

续表

序号	类别	具体说明
4	加盟商	无须行业经验、无须费心管理，通过投资方管理系统中房态、财务、人事等账目来监督管理酒店经营情况，省心赚钱
5	相关费用	一次性合作费、收入提成、工程支持费用等（免收合作保证金、会员输送费、软件系统费）

2. 7天阳光是区域整体加盟+标准店管理模式

与7天酒店、7天优品的单店加盟模式不同，7天阳光采用区域整体加盟的合作模式。投资人通过加盟7天阳光，成为7天阳光的区域合作伙伴，获得物业所处区域在约定时限和条件内独家开发的权利，独享7天带来的会员和市场利润。区域整体加盟＋标准店管理模式的要求如下表所示。

区域整体加盟+标准店管理模式的要求

序号	类别	具体要求
1	区域独享	7天阳光采用区域整体加盟的合作模式。合作伙伴享有在约定时间和指定区域内7天阳光的独占开发、经营权，独享7天带来的会员和市场利润
2	会员输送	提供全国8000万铂涛会员的免费输送，入住7天的顾客98%以上为铂涛会员，仅有极少数是通过中介带入，大大降低了经营成本，培养了长期忠实的顾客与品牌拥护者
3	服务支持	7天阳光提供对合作伙伴、酒店总经理、分店员工的专业培训和全面筹建、经营、管理支持
4	运营过程	分店所有权归投资人，由投资人全权经营、管理分店，投资人对分店财务、人事、销售等经营活动负责。分店运营核心物资通过7天采购系统平台统一采购
5	相关费用	一次性合作费、每月单房合作费、合作保证金、工程支持费用等（免收会员输送费、软件系统费）

扩展阅读

“管理直营”的概念

7天的投资模式不同于传统的酒店加盟，具体的不同点如下表所示。

传统酒店与7天加盟的不同点

序号	类别	传统酒店加盟	7天酒店加盟
1	服务支持	品牌使用，协助筹建，管理培训，提供该品牌管理经营技术，提供咨询指导等	品牌使用，协助筹建，开业前顾问服务，开业后酒店总经理统一经营管理，包括员工招聘、培训，酒店正常经营，财务管理，促销推广等全方位管理工作
2	会员输送	主要通过携程、艺龙、旅行团、一卡代理等中介机构介绍，需要收取中介费用，增加成本从而降低了利润空间，中介因素导致客源流失较大	提供全国8000万7天会员的免费输送，入住7天的顾客98%以上为7天会员，仅有极少数是通过中介带入，大大降低了经营成本，培养了长期忠实的顾客与品牌拥护者
3	运营过程	加盟商自己参与酒店各项经营管理。企业提供经营管理技术支持，加盟店与直营店间有可能出现不公平竞争	将分店完全纳入7天酒店运营体系进行经营管理，享受与直营店同等的管理、服务、营销系统、会员输送等
4	加盟商	需要具有行业经营管理经验或花大量时间学习酒店经营管理技术。需花大量时间和精力进行酒店经营管理	无须行业经营管理经验，无须学习管理，通过投资方管理系统中房态、财务、人力资源等账目来监督管理酒店经营情况，省时赚钱
5	相关费用	加盟费、经营管理费、工程支持费、各类合作保证金、会员输送费、软件系统安装费及维护费等	一次性合作费、收入提成、工程支持费用等（免收合作保证金、会员输送费、软件系统费）

二、7天的加盟流程

对于7天连锁经营的酒店来说，投资者要想加盟必须了解其加盟流程，否则加盟者就会一头雾水。因为7天要对每一位投资者负责，所以制定了一套标准且严格的加盟流程，如下图所示。

- 第1步 了解7天：投资人初步了解7天品牌及3个产品（7天酒店、7天优品、7天阳光）的信息，明确投资意向
- 第2步 加盟准备：自有或租赁适合改造为7天产品的物业（面积一般要求为2500～5000平方米），且具备充足的酒店筹建资金
- 第3步 申请加盟：拨打投资热线：400××××××，或发送邮件至××××@7daysinn.cn
- 第4步 项目评估：7天总部会有专业的酒店开发投资人员与投资者联系，为投资者进行物业评估、选址分析等
- 第5步 合同签署：投资者的条件符合投资要求的，7天总部的开发投资人员将与投资者签订投资合同，投资者须按合同约定交纳相关费用
- 第6步 项目筹建：7天酒店总部有专业的酒店工程筹建人员为投资者提供咨询、指导、检查，协助投资者顺利成立一家符合7天标准的酒店（7天酒店、7天优品）或标准店（7天阳光）
- 第7步 启动运营：酒店筹建完毕，7天酒店、7天优品酒店由7天店长启动运营，7天阳光酒店由投资人找到适合的店长人选并接受7天的管理培训后，按公司的运营要求经营分店

7天的加盟流程

三、7天的加盟费用

7天旗下有三大子品牌酒店：7天优品、7天酒店、7天阳光。各个子品牌的加盟费用是不同的。

1．7天优品的加盟费用

7天优品的加盟费用具体如下表所示。

7天优品的加盟费用表

一次性合作费	4000元/间房
合作期	8年
改造装修费	6.8万元/间房（此数仅供参考，不同城市不同费用）
收入提成	营业额×（5%～7%）（不同城市不同比例）
运营准备金	20万元
各类保证金	免收
会员输送费	免收
软件系统费	免收
投资费用说明：酒店筹建由投资人负责，费用全部由投资人承担，按照现有7天优品标准，筹建一家新店平均每个房间标准为6.8万元（包括前期运营物资等，此数据仅供参考）	

2．7天酒店的加盟费用

7天酒店的加盟费用具体如下表所示。

7天酒店的加盟费用表

一次性合作费	3000元/间房
合作期	8年
改造装修费	4.8万元/间房（此数仅供参考，不同城市不同费用）

续表

收入提成	营业额×（5%~7%）（不同城市不同比例）
运营准备金	20万元
各类保证金	免收
会员输送费	免收
软件系统费	免收
投资费用说明：酒店筹建由投资人负责，费用全部由投资人承担，按照现有7天酒店标准，筹建一家新店平均每个房间标准为4.8万元（包括前期运营物资等，此数据仅供参考）	

3. 7天阳光的加盟费用

7天阳光的加盟费用具体如下表所示。

7天阳光的加盟费用表

一次性合作费	2000元/间房
合作期	8年
改造装修费	6.3万元/间房（此数据仅供参考，不同城市不同费用）
每月合作费	150元、170元、190元/房/月（不同省份不同比例）
工程支持费	3000元/次（筹建期间工程人员现场支付费用，一般为5次）
合作保证金	15万元（合同期满无息返还）
会员输送费	免收
软件系统费	免收
加盟模式	区域加盟（加盟后物业所处区域在约定时限和条件内不再引入其他7天酒店加盟商，只能由签约加盟方开店，独享7天酒店带来的会员和市场利润）
投资费用说明：酒店筹建由投资人负责，费用全部由投资人承担，按照现有7天阳光标准，筹建一家新店平均每个房间标准为6.3万元（包括前期运营物资等，此数据仅供参考）	

第三节　7天的专场投资招商会

在商业地产领域，流传一句话："招商难，难于上青天。"把开发商形容得很悲惨，但却不知品牌商家也难，难在找好的项目、符合定位的项目、能赚钱的项目。尽管如此，仍然很少有哪个品牌商家会开专场投资说明会吸引好项目、好投资者的关注。只有7天这个在资本市场演绎"传奇"的企业，不改"大哥大"的本色，牛到底。

每年7天都会在各地召开多次招商会，下面就列举几个7天召开招商会的实例。

【招商案例01】7天展望2014年落户南充

7天展望2014年落户南充

2013年12月12日，拥有8000万专属会员、2000多家直营店的7天在南充举办加盟投资说明会，对"经济型酒店发展趋势及7天管理经验分享""酒店投资盈利分析"等进行专题演讲，并现场为意向投资者就7天的加盟政策等咨询进行答疑解惑。

四川南充投资说明会

1．考察南充市场3年

“南充作为整个西南地区的交通枢纽，川东北地区的城市中心，无论是生产总值还是酒店行业数量，在川内都比较成熟，初步预计会在南充城区落户3家7天。”该酒店四川区域开发总监古俊科表示，其实早在2010年时，公司已经开始对南充市场进行考察，发现如今南充的酒店行业已不再是单纯的等待客户上门，而是通过网络、团购等多种渠道来进行自我品牌推广。“但现在传统的酒店行业是以旅行团、电子商务为主，散客、自驾游的增多，7天连锁就成了他们的首选。”

据了解，截至2013年11月，7天分店总数已近2000家、覆盖全国300个城市，在经济型酒店行业的影响力居行业第一。与此同时，7天的会员规模亦持续扩大，会员数量达到8000万人，并再度蝉联2013年“年度C-BPI中国快捷酒店行业第一品牌”称号。

2．将用心服务南充

“7天是不完美的，但是我们会用心服务南充。”7天连锁副总裁苏同民在会上表示，与传统酒店行业相比，7天拥有8000万名会员，与全国加盟商共享，而在管理上，公司会聘请专人进行管理。“对于自助游客来说，没有了旅行社安排的酒店住宿，他们对酒店最大的关心在于睡眠环境。”苏同民表示，真正好的酒店不是在市中心，7天在酒店选址方面一般会选在人流量大、交通方便的位置。“对于散客来讲，来到一座陌生的城市，10点之后能打到出租车、吃得着饭的地方，才是经济型酒店选址要求。”同时，酒店的手机客户端让你边走边订，很轻松就能搜索到目的地附近的所有7天分店，周边的信息一目了然，选好分店和入住日期就可以预订。

3．传统酒店前来取经

“我是7天的老顾客了，每次出去旅游或者办事，我都喜欢在出发前先订好7天的酒店，这都成习惯了。”陈先生现在在南充市北干道经营一家商务酒店。“每次朋友来南充都住在我这里，但是自己摸索经营的酒店，总觉得不够好，有点失礼。”陈先生说他一直在思考怎样将自己的酒店“整改”一下。据其介绍，自经营酒店3年来，他尝试过不同的方式，比如在酒店放置南充地图、南充特产、在高考的时候开设高考房、节假日的优惠活动等，但整体效果都不太理想。

“今天现场听了7天的负责人介绍，才知道我一直以来的探索都是传统的模式，要把酒店生意做好，还是需要紧跟时代步伐和消费者的心理。”陈先生说，“我准备回去后和几个朋友商量下，看能不能把我们那个地方拿出来，加盟7天。如果加盟实在不行，多学习取经也好。”

【招商案例02】2014年桂林7天招商会成功召开

2014年桂林7天招商会成功召开

2014年桂林7天酒店集团招商加盟会成功召开，通过本次会议的讲解，桂林以及县份的投资人、酒店行业的老板等，对7天有了一个更深入的了解，多名投资人对7天阳光酒店项目报以极大的热情，纷纷咨询如何加盟、加盟条件等。以下是部分会议照片。

2014年桂林7天酒店集团招商加盟会宣传单首页

2014年桂林7天酒店集团招商加盟投资说明会现场

【招商案例03】7天加盟投资说明会在北京、昆明举办

7天加盟投资说明会在北京、昆明举办

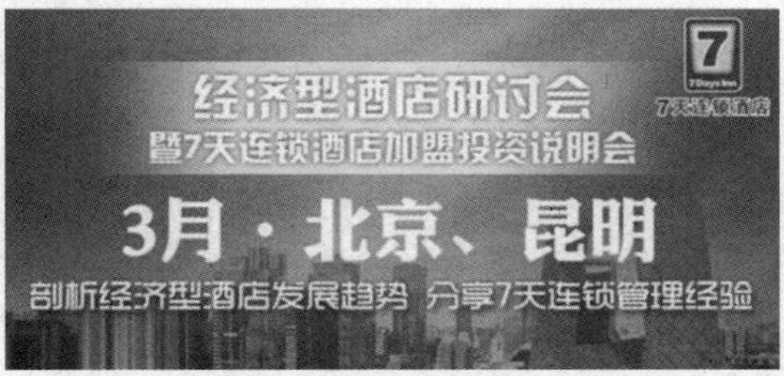

7天在北京、昆明举办投资说明会广告

2014年3月，7天主办的“经济型酒店研讨会暨7天连锁酒店加盟投资说明会”在北京、昆明举行，7天负责人与当地意向投资人面对面交流经济型酒店发展前景，分享7天的管理经验。

截至2014年3月，7天分店总数超2000家，覆盖全国300个城市，在经济型酒店行业的影响力和市场份额都在持续快速增长。与此同时，7天的会员规模亦持续扩大，会员数量达到8000万人，酒店业内最庞大的会员体系为7天各地分店带来稳定的客源支持，被业界评为“年度最具影响力投资价值管理品牌”。

分店规模的扩张和会员体系的发展，进一步强化了7天的品牌影响力和竞争力，7天在广大消费者中所获得的认同度亦持续提升。据工信部中国企业品牌研究中心发布的“中国品牌力指数”研究成果显示，2013年7天再度蝉联“年度C-BPI中国快捷酒店行业第一品牌”的称号。而在“第九届中国酒店星光奖”颁奖典礼上，7天近年来第五次荣膺行业年度大奖“中国最佳经济型连锁酒店”。

7天的管理优势和品牌价值不断突显，吸引着越来越多的意向加盟投资人，其飞速发展的态势更显示出酒店市场巨大的发展潜力。据悉，在本次系列投资说明会和展会上，7天专业团队将做出“经济型酒店发展趋势及7天管理经验分享”“酒店投资盈利分析”等专题演讲，并现场为意向投资者就7天的加盟政策等咨询进行答疑解惑。

第一站：北京

第二站：昆明

【招商案例04】7天加盟投资说明会在兰州、厦门举办

7天加盟投资说明会在兰州、厦门举办

2013年11月，7天主办的“经济型酒店研讨会暨7天连锁酒店加盟投资说明会”将移师兰州、厦门举行，7天负责人与当地意向投资人面对面交流经济型酒店发展前景，分享7天连锁的管理经验。

7天在兰州、厦门举办投资说明会广告

截至2013年10月，7天分店总数已近2000家，覆盖全国300个城市，在经济型酒店行业的影响力和市场份额都在持续快速增长。与此同时，7天的会员规模亦持续扩大，会员数量达到8000万人，酒店业内最庞大的会员体系将继续为7天各地分店带来稳定的客源支持，被业界评为“年度最具影响力投资价值管理品牌”。

分店规模的扩张和会员体系的发展，进一步强化了7天的品牌影响力和竞争力，7天在广大消费者中所获得的认同度亦持续提升。据工信部中国企业品牌研究中心最新发布的“中国品牌力指数”研究成果显示，7天再度蝉联“年度C-BPI中国快捷酒店行业第一品牌”的称号。

7天的管理优势和品牌价值不断突显，吸引着越来越多的意向加盟投资人，其飞速发展的态势更显示出酒店市场巨大的发展潜力。在一系列投资说明会和展会上，7天连锁高级副总裁苏同民及其专业团队做出了“经济型酒店发展趋势及7

天管理经验分享”“酒店投资盈利分析”等专题演讲，并现场为意向投资者就7天的加盟政策等咨询进行答疑解惑。

第一站：兰州

第二站：厦门

扩展阅读

国内首个互联网酒店品牌IU酒店亮相

继2014年陆续推出多个创新体验的酒店品牌之后，铂涛集团于2015年2月10日举行了一场别开生面的微信新品发布会，正式发布国内首个互联网酒店品牌——IU酒店。据悉，这场发布会为行业首创，依托微信平台，通过图片、视频、文字等方式，结合“牛轰轰空降”郑兴琦（TVC）、以‘720°’重力感应全景看房”的线上体验，为大家展示了一个符合现代年轻人需求的互联网酒店品牌。

1. 虚拟酒店社区互联网酒店打破房间界限

什么是互联网酒店？IU酒店在新品微信发布会上为消费者展示了在酒店内的独特住宿体验。

（1）IU酒店在线互动平台。

当客人入店办理入住时，通过大堂微信互动屏扫描二维码便可加入IU酒店定制的微信互动系统，不仅可以与同住酒店的客人一起畅谈休闲，打破房间的局限性，一扫旅程的孤单枯燥，更可感受到来自IU酒店最亲切的关爱和分享。

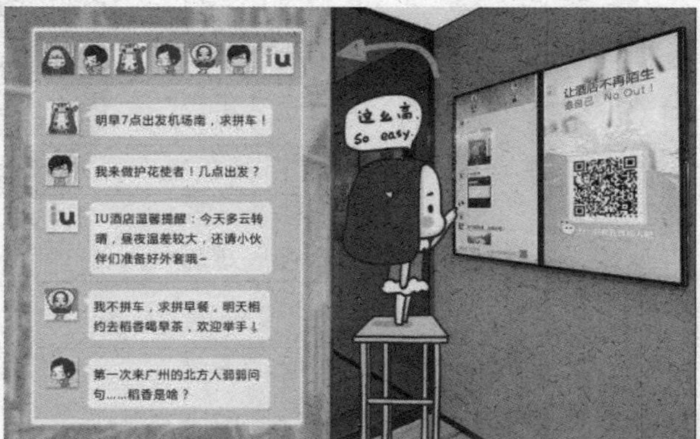

IU酒店在线互动平台

房间采用TCL定制大屏电视，并在此基础上再次升级，推出TCL多屏视听互动系统，不需数据线的传输，就能将手机的图片视频内容投影到TCL大屏液晶电视屏幕中，手机平板和电视成为最佳搭档。多屏互动让音乐更动听，视频更清晰，游戏更好玩，喜欢的东西，经得起放大来看。

多屏互动系统

（2）大数据定制体验。

大数据私人定制

IU酒店将会比妈妈更懂你。通过铂涛会背后的大数据支撑，IU酒店将记录消费者的偏好，提前获知消费者的出行需求，提供个性化定制服务。在IU酒店，顾客消费的每一个细节均体现出年轻消费者个性化潮流的追求，与其说是互联网基因植入，还不如说是互联网思维下个性化本质的体现。

“这是一个神奇的酒店，不仅打破房间界限、拥有客房多屏互动系统，还提供力士二合一洗发沐浴露、静音快干电吹风、加厚地板拖鞋、大尺寸封盖茶杯、一键电话、100%精梳棉封包浴巾等IU专属定制物品，不仅让消费者享受到轻精品级的产品服务，更满足消费者移动社交需求。”IU酒店互联网酒店首批体验者张琪表示。

IU酒店为什么叫IU？其实在确定IU名字之前，IU团队征集了30多个备选的名字，最后采用IU，寓意为：陌生世界就是我（I）和你（U）的世界，I（我&爱）因你（U）而生——IU酒店；IU的倒影是IN，在IU酒店，永远不out！IU也可以翻转成UI，打造最适合你的界面！IU一下，快乐链接！

2. 洞察移动社交消费趋势，互联网酒店应运而生

在微信发布会上，铂涛集团高级副总裁、7天品牌总裁苏同民先生表示，在移动互联网时代，消费群体具有两大特征：一是生活科技化，其中智能手机的应用已十分普遍；二是社交分享化，几乎人手必备社交软件，依托智能设备，消费者的社交也逐渐向分享化转变。同时，随着消费观念的转变，部分消费者更崇尚简约的生活，喜欢做真实的自己。

“移动互联网时代的消费需求，让互联网概念酒店顺势而为。”在苏同民先生看来，IU酒店精准定位于追求极致自我，渴望与周围发生各种链接的新一代年轻族群，他们几乎“无网不能活”、乐于分享，并且要做真实的自己。这类消费族群对酒店住宿体验的独特需求，也让铂涛集团更积极探索和创新互联网思维、技术与酒店产品的结合。

对于IU酒店的发展规划，苏同民先生也在微信发布会上透露，目前，IU酒店第一家门店已经在广州开业，计划在2015年年底，能争取覆盖全国一线城市，达到200家门店、16000间客房的规模。另外，在IU酒店扩大规模的同时，将以问卷调查的形式及时洞察消费者需求，并添加微信支付、微信开门等功能，尽可能植入消费者有需求的互联网基因，打造消费者个性化定制的IU酒店。

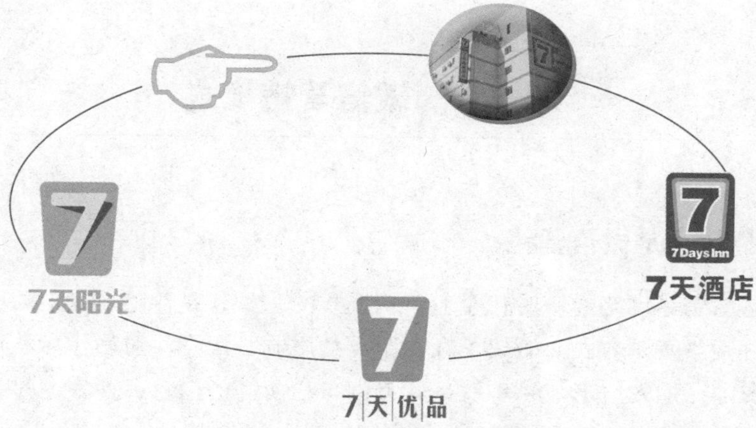

第四章
多种渠道，形成了7天的营销模式

导言：

“铂涛会”拥有会员8000万人，是中国经济型酒店中规模最大的会员体系。作为业内科技领先者，7天采用哪些营销模式赢得这么多的会员呢？其实，7天最具有特色的还是微信营销模式、APP营销模式、“铂涛会”营销模式、跨界营销模式和活动营销模式。

第一节 微信营销模式

一、什么是微信营销

微信营销是网络经济时代企业营销模式的一种，是伴随着微信的火热而兴起的一种网络营销方式。微信不存在距离的限制，用户注册微信后，可与周围同样注册的“朋友”形成一种联系，订阅自己所需的信息，商家通过提供用户需要的信息，推广自己的产品，从而实现点对点的营销。

微信营销主要是指在安卓系统、苹果系统、Windows Phone8.1系统的手机或者平板电脑中的移动客户端进行的区域定位营销，商家通过微信公众平台二次开发系统展示商家微官网、微会员、微推送、微支付、微活动、微CRM、微统计、微库存、微提成、微提醒等，已经形成了一种主流的线上线下微信互动营销方式。

二、7天微信营销的秘诀

对于7天来说，微信运营的一个关键是如何以用户更愿意接受的方式向其传递信息，但除了被动接收信息，用户主动贡献信息也可以是微信运营的另一个方向。7天公众号从0粉丝增长到100万粉丝是怎么做到的呢？其秘诀如下图所示。

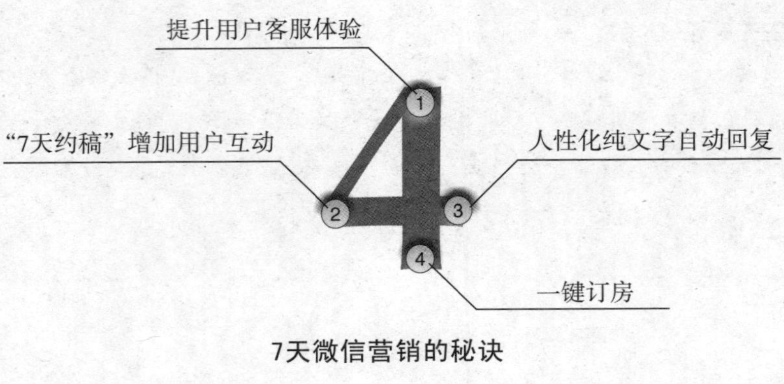

7天微信营销的秘诀

1．提升用户客服体验

相较于其他行业，酒店行业因其业务特殊性并不能完全依赖机器人应答，更多的还是得人工去处理。但微信客服相较于电话客服来说，具备延时应答、一对多应答、通话数据可存可查、住客方便管理等特点，大大提升了客服的工作效率，以前100个人每天的电话接听量在5000个左右，而使用微信客服后，30个人每天能处理10000多次会话。

2．“7天约稿”增加用户互动

对于大多数品牌商来说，微信运营的一个关键是如何以用户更愿意接受的方式向其传递信息，除了被动接收信息，用户主动贡献信息也是微信运营的另一个方向。7天的招数就是向用户约稿，增加微信用户参与度。

年轻人喜欢玩，喜欢分享，微信约稿让用户互动的活跃度居高不下。另外，移动端本来适合阅读，而微信公众号的一个特色也在于订阅，有很强的阅读属性。同时，为了更有效地激励用户投稿，7天对投稿用户给予5000积分的奖励。

3．人性化纯文字自动回复

多数微信公众号回答用户日常疑问的自动回复是图文消息，而7天则采用纯文字方式回复。这样做有什么优点呢？

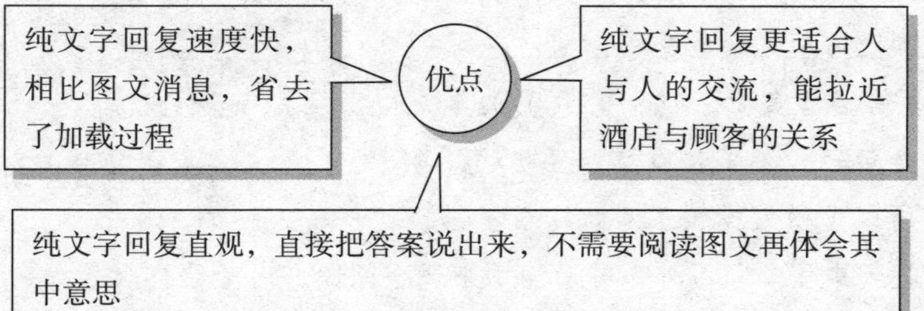

人性化纯文字自动回复的优点

4．一键订房

微信用户只要关注7天官方微信公众账号“7天会”，然后在微信里一键搜索心仪分店，选择日期等并支付，就完成了订房。整个购买流程只需要5秒钟。而平常最晚只保留至19:00。品牌的传递在于用户的参与和互动。7天充分发挥互动的作用，无论约稿增加用户分享的主动性，还是人性化的自动回复减少冗余环节和降低时间成本，都是站在用户角度考虑，哪怕一丁点细微的改进，都是想着如何让用户再轻松一些。

【营销案例01】7天微信粉丝暴增140万的秘诀

7天微信粉丝暴增140万的秘诀

2014年5月16日消息，7天的微信公众号“7天会”（从那天起，7天会正式更名为“铂涛会”），在当时粉丝已经暴增至140万。是什么让7天的微信公众号产生了如此魅力？

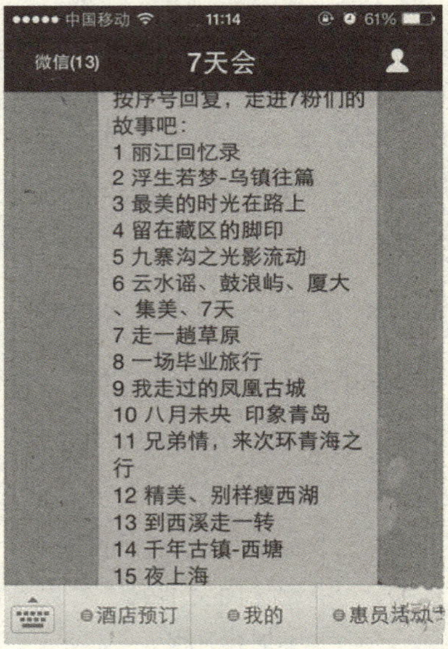

7天与会员互动

对于大多数品牌商来说，微信运营的一个关键是如何以用户更愿意接受的方式向其传递信息，但除了被动接收信息，用户主动贡献信息也可以是微信运营的另一个方向。7天官方微信运营的一个小招数就是向用户约稿，增加微信用户参与度。

7天微信运营负责人说：“我们的客户群体多数是年轻人，喜欢嘚瑟，喜欢玩，喜欢分享，所以（微信投稿）活跃度很不错，每天都会收到来稿。”另外，移动端本来适合阅读，而微信公众号的一个特色也在于订阅，有很强的阅读属性。

当然，为了能更有效地激励微信用户积极投稿，一些积分奖励是必不可少的。据了解，7天奖励微信投稿用户的方式主要是奖励5000积分。

这意味着，“7天会”绝大多数的功能关键在于会员服务，如积分兑换、查看订单、查看资产、查看会员政策等。而根据7天方面提供的信息，在“7天会”

公众号中，用户点击率最高的栏目就是“查看会员资产”。

会员的资产查询界面

三、7天微信公众号推广成功的秘诀

7天微信广告界面

酒店行业作为O2O最重要的一个领域之一，开通微信公众账号的比比皆是，但是真正做出成绩的却寥寥无几，那么，7天是怎么玩转微信的呢？其秘诀如下图所示。

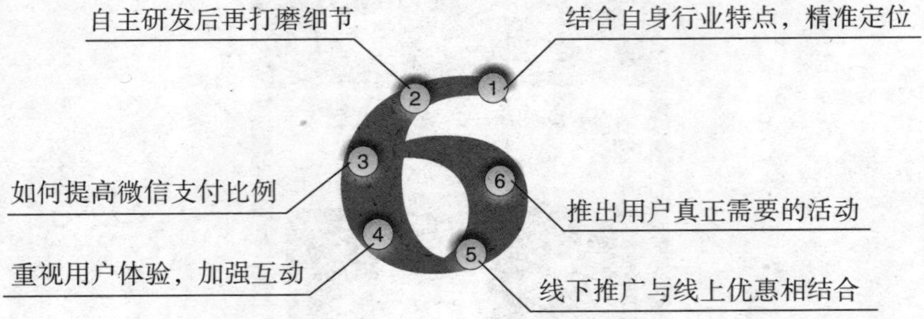

7天微信公众号推广成功的秘诀

1．结合自身行业特点，精准定位

在微信公众平台上，7天算是后来者，2013年5月底，官方微信公众号“7天会”才正式推出。并不是7天管理者后知后觉，而是他们在寻找一个微信和酒店本身业务的最佳结合点，这个结合点就是客服。

7天认为酒店行业就是产品加服务，除了客房这些硬件体验以外就是软性服务。其中客服是非常重要的一个方面，如果能够更便捷、更高效、更有趣地提升客服体验，也许会带来不错的效果，而微信恰恰是一个天生的移动CRM平台。

因此，从一开始7天就专注于微信客服这个方面，相较于其他行业，酒店行业因其业务特殊性并不能完全依赖机器人应答，更多的还是得用人工去处理。但微信客服相较于电话客服来说，具备延时应答、一对多应答、通话数据可存可查、住客方便管理等特点，大大提升了客服的工作效率。以前100个人每天的电话接听量在5000个左右，而使用微信客服后，30个人每天能处理10000多次会话。据说使用微信这半年来，虽然酒店从1700多家发展到2000多家，但是客服人员没有增加过。

7天将微信客服直接对接到了所有酒店前台，客人可以直接通过微信来获取酒店的各种服务。7天为什么要这么做呢？因为现在的年轻人随时随地拿着手机，当然不愿意多走两步跑到床头拎起电话……

2．自主研发后再打磨细节

7天公众号只有两个码农，对于有一定开发基础且已经有一些移动产品的7天来说，微信开发真的不那么难，真正的难点还是在于功能规划和产品流程设计上。

在自定义菜单的设计上，7天把会员的信息放在了第一位，并且在预订酒店的子菜单里除了常规的通过地理位置找酒店，还结合7天自身特点设立了特价房预订栏目，而签到功能结合积分抽奖更是大大地提高了用户的活跃度和互动性。

在酒店预订流程上最重要的一环就是在线支付。7天在行业内是首家接入微信支付的，客人在微信中搜索酒店、选择日期等并支付，就完成了订房。整个购买流程只需要5秒钟，真正打造一个移动端酒店O2O闭环。

3．如何提高微信支付比例

在如何提高客人使用微信支付比例上，7天花了不少心思，最后在支付页面做了一些小调整，比例竟然从10%直接拉升到50%～60%，这就印证了产品经理改变世界这句话的含义。

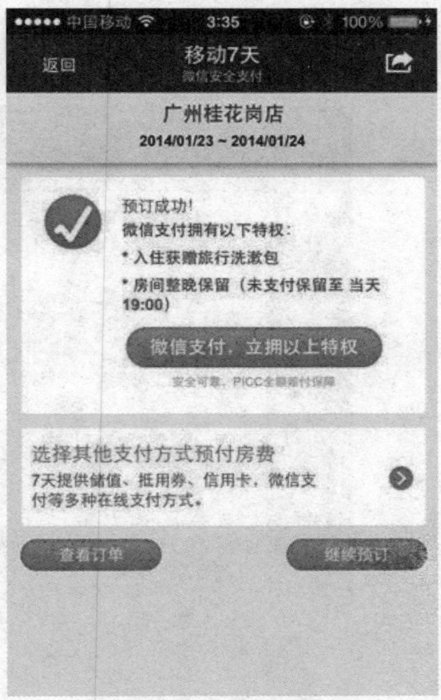

7天的微信支付功能

另外值得一提的是，7天一直紧跟着微信的开放节奏，服务号一开立马就转，高级接口一开立马就用，而消息模板功能更是贯穿了客人的订房、取消、入住、支付等通知，顺带还把住客退房后的满意度调查也在微信里一并解决了。

4．重视用户体验，加强互动

7天的公众号里有一个很奇怪的现象，就是大部分查询结果都是纯文字回复。

7天给的解释是图文消息虽然看起来美观，但在实际运营中发现，一方面消息回复速度慢，另一方面用户查看费了流量、多了环节，对于信息传递来说还是纯文字最直观，用户接受度更高，而且图文消息下发的退订率也大大高于纯文字的。这种从用户体验角度出发的运营理念还是非常值得其他企业借鉴的。

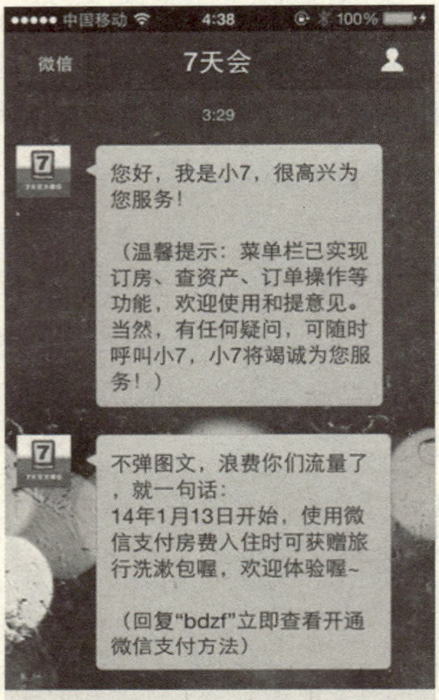

用微信与粉丝互动

而在与粉丝互动方面，7天更是别出心裁，搞了个“7天约稿”，鼓励粉丝们把自己旅游的所见所闻写出来投稿，一旦录用就给予推荐和奖励。这种互动方式一方面避免了企业公众号优质内容匮乏的问题，另一方面增加了粉丝的参与感、存在感和活跃度，还很贴合酒店公众号的定位。

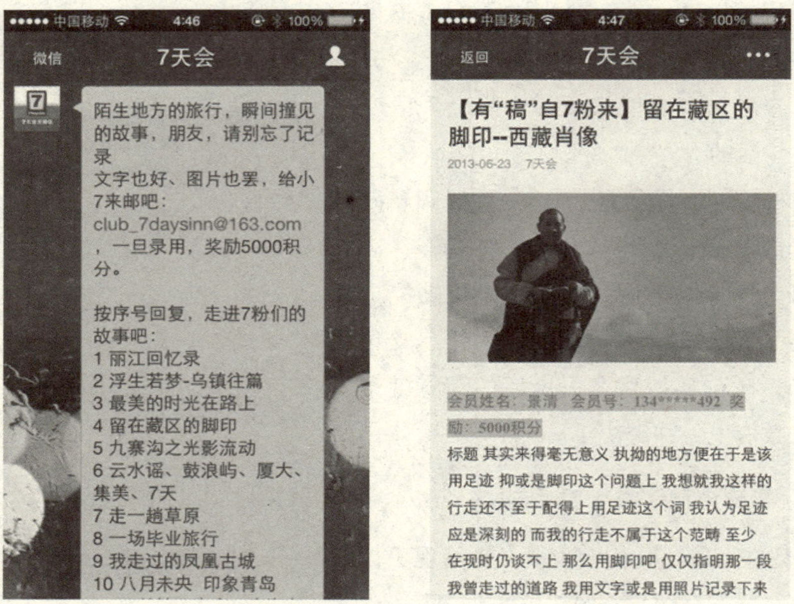

与粉丝约稿

5. 线下推广与线上优惠相结合

7天上百万的粉丝到底是怎么来的呢？其实7天非常注重细节，更懂得用户，采用了线下渠道与线上活动相结合的方式，线下在各个门店内合适的地方放置二维码进行推广，线上通过一些优惠活动让用户分享传播参与。

在吸引用户关注方面，7天并没有使用价格优惠策略，而是对首次关注并绑定的客人送矿泉水一瓶，虽然花不了几个钱，但竟然大受欢迎，开通首月就收获粉丝20万。在2013年“双12”那天微信支付上线搞的1分钱抢200元房券的活动中，活动开始1分钟服务器就被挤爆了，4个小时后才恢复正常，但当天参与活动人数依然高达6万人，其中用微信支付进行会员卡充值金额高达200万元。

6. 推出用户真正需要的活动

7天本身就拥有几千万会员，其中在2014年的12个月内有消费的活跃会员就有1000多万，转化1/10过来并不是太难的事情，但要转换更多的会员并且还要引导老客户多拉新客户就得下功夫，推出用户真正需要的活动，类似最近推出的用微信支付结账可以获得旅行洗漱套装，虽然套装价值只有10元，但对于7天的目标群体客户却非常受用。

总之，7天在产品和运营上深挖行业需求，找准用户的需求点，短时间内就在微信公众平台上建立O2O的闭环中尝到了甜头，为酒店行业树立了微信时代的产品标准、服务标准，成为行业发展的创新者和引领者。

【营销案例02】IU酒店品牌微信发布会

IU酒店品牌微信发布会

2015年2月10日，铂涛酒店集团旗下新品牌IU酒店为公众带来了一场别开生面的微信发布会，推出全国首家互联网酒店品牌。从下午2:30～3:15，IU酒店策划团队通过微信平台、铂涛官方微博和铂涛会微社区发布品牌信息，直接影响人数就达10万人，自此，几乎玩微信的每个人都知道在广州有一个互联网酒店叫IU酒店。

为什么微信发布会如此火？影响力如此大？甚至粉丝群爆满之后铂涛会会

员纷纷打电话投诉群数太少还想加入？首先，微信发布会依托现代社交软件而存在，本身便是一个新趋势，容易成为众人关注的焦点。其次，发布会前期通过自媒体以及微信、网络红人预热和推广，信息迅速抵达几十万号人。另外，这次发布会的内容完全针对目标消费群体量身打造，主持人使用的是网络语言，诙谐有趣，内容呈现上没有领导和嘉宾发言，只有品牌和产品，所以，整场发布会影响范围广且创造了0退群0屏蔽的记录。接下来，小编将整个发布会前后流程拿来共享，以供借鉴。

2015年2月6日前邀请函制作

发布会的主角是IU互联网酒店，所以主题的确定既要突出IU酒店，又要突显互联网思维，最终敲定“IU一下，链接你我”为发布会主题。而微博、微社区的同步宣传步步紧跟，同期发布牛轰轰小漫画，吸引第一波关注。

IU酒店品牌发布会广告

2015年2月6日牛轰轰创意漫画发布吸睛

微信发布会全程依托微信，因此邀请函也是微信形式的。其实，对于微信发布会来说，发送邀请函是个技术活，因为整个传播，从此时开始。根据微信特点，IU互联网酒店将邀请函做成了漫画的形式，内容新潮酷炫易传播，达到了让嘉宾想要分享的目的，虽然只是个邀请函，却达到了宣传的效果。

其实，就在发布会前20几个小时，IU酒店设计部人员仍然在修改邀请函，尽可能完善，尽可能展现出IU酒店吸引人的特色。

2015年2月7日官方微信预热、资源转发

主题确定了，邀请函发了，IU酒店开始利用官方微信预热，并制定了读图时代微信发布会的图片路线——实景mix漫画模式。

2015年2月8日发布会内容有趣、便于转发

在微信上，图片的说服力远远超过文字堆叠，微信发布会要想获得成功，发布会上的图片一定要有能让人分享的冲动，因此，IU酒店邀请了牛轰轰来解读品牌理念和产品服务细节，比如IU酒店的微信互动系统，全Wi-Fi覆盖、超大“热带雨淋”、一键定制电话、带杯盖定制水杯、多维电视系统等，后期加入文字信息，让图片兼具品牌理念表达和分享美图的意义。

IU酒店品牌发布会广告

在这里值得一提的是，为了让发布会看起来更加丰富，铂涛集团工作人员日夜不休，寻找IN星人试睡酒店房间以传递最真实的入住感受；中国梦之声冠军郑兴琦从上海赶来广州首家旗舰店拍摄IU品牌理念片，个性演绎IU主张：“最自己，NO OUT！”720°全景看房时工作人员陪着摄影师忙活了五六天，对于每一个细节都期望最真实的展现；牛轰轰的漫画创作，也是漫画师经过亲身感受过IU

酒店之后，用最真实的灵感画出，也就是说，不管哪个环节的呈现，都充满每一个IU人的汗水和热爱。而从全漫画，到植入产品卖点，到漫画融入实景的步骤拿捏，更让整个发布会层层推进，令粉丝们真正“爱不释手”。

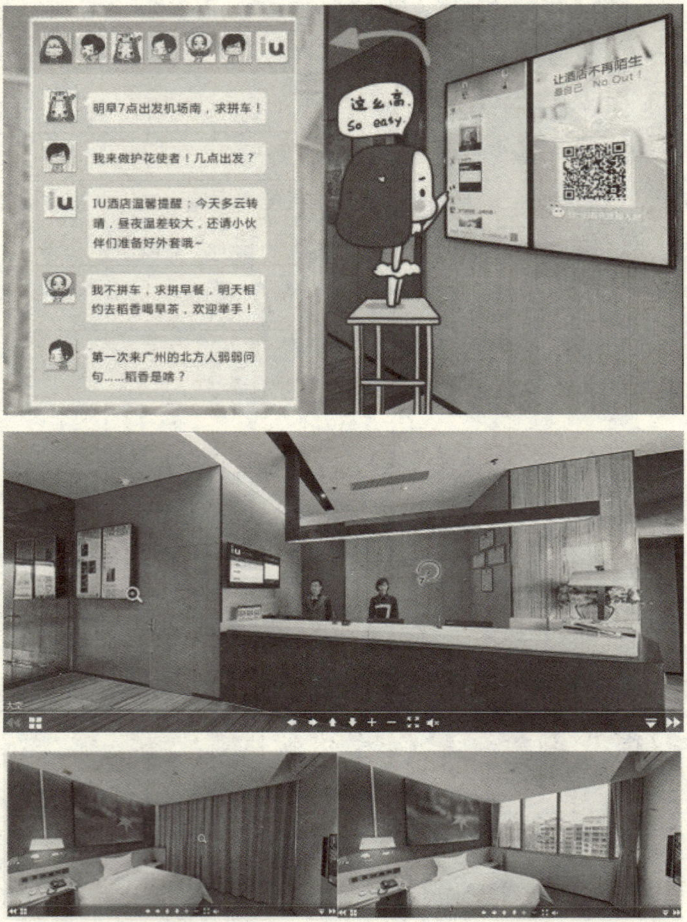

IU酒店品牌的广告

2015年2月9日发布会排我千百遍我待发布会如初恋

传统发布会需要排练，微信发布会同样如此。2015年2月8日，IU互联网酒店在内部已经将发布会演练多次，对一个表情、一个词语、间隔时间、串场话术等都进行了反复推敲，将发布会控制在半小时之内，使内容充实而不紧张，串场达到轻松诙谐的目的。

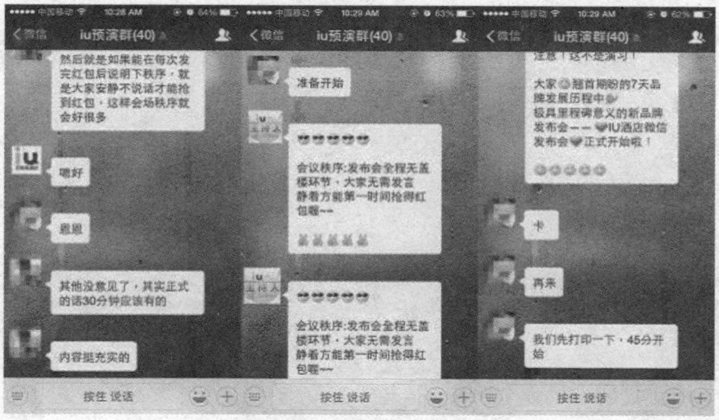

IU酒店品牌发布会广告

2015年2月9日粉丝群全数爆满每分每秒都在热议

发布会电子邀请函与二维码公布后，短短两个小时所有500人粉丝群悉数爆满，“人声”鼎沸。此次微信发布会，在中国互联网移动端发展史上是史无前例的，有幸扫码优先进群的粉丝热情高涨，热议不断。针对这种预料之中又有点意料之外的热情，微信发布会运营团队立刻增添群内管理人员，并增设发布会群组对外开放。当时群内名为总群主的粉丝，在微信群内的“江湖地位”相当于天地会总舵主，很受粉丝们敬重。这一点和传统发布会很相似，任何突发状况都可能发生，高效迅速的应对措施和临场应变能力极其重要。

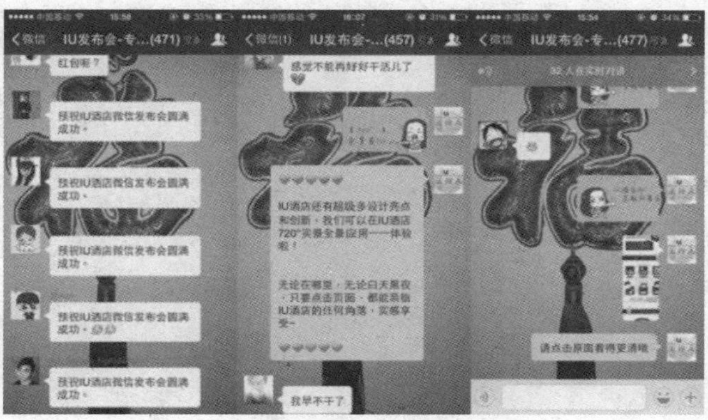

IU酒店品牌发布会广告

2015年2月10日（发布会当天）创造微信发展里程碑

到了2015年2月10日当天，全体工作人员高度紧张，在发布会开始前的4个小时，就开始将邀请的嘉宾和记者们拉进群内，这个时候，一定要有个工作人员在群内主持大局，控制好话题。话题范围一般就是会场秩序介绍、人员介绍、引导讨论，话语要尽量搞笑诙谐，让大家对发布会有所期待，又不会拖得太久造成不耐烦。

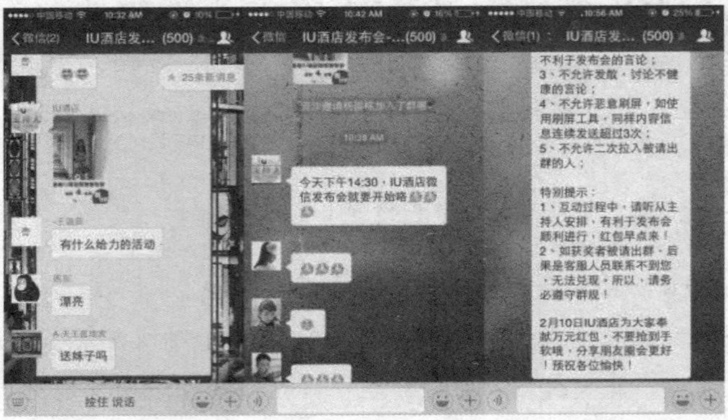

IU酒店品牌发布会广告

微信发布会和传统发布会一样，都需要不同的人出场来调动气氛，并穿插一些互动的活动，IU酒店在这一点上表现得很好，比如发放微信红包等，将发布会的气氛调动得非常热烈，有奖提问环节也让发布会的互动性达到高潮。IU发布会主持人事后表示，1秒100+的点击量可谓是微信有史以来最热闹的一次，这次线上活动互动量绝对也是微信发展的一个里程碑，颠覆了传统发布会“一人堂”的模式，让每个与会人员都可以平等交流，让

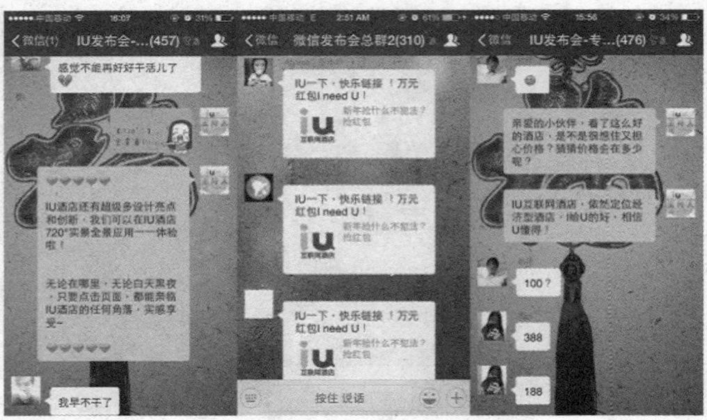

IU酒店品牌发布会广告

发布会真正“活”了起来。

经过不断地盖楼和不间断的红包发放，仅仅半个小时的发布会让群内许多嘉宾表示还没有尝到新鲜就已经结束，意犹未尽，都表示非常期待下一次微信发布会的到来。

2015年2月10日微社区、微直播尽情地来吧

微信发布会期间，微社区、微直播也在发布会进行期间分别进行文字、图片的直播，多手段同时宣传，值得借鉴。

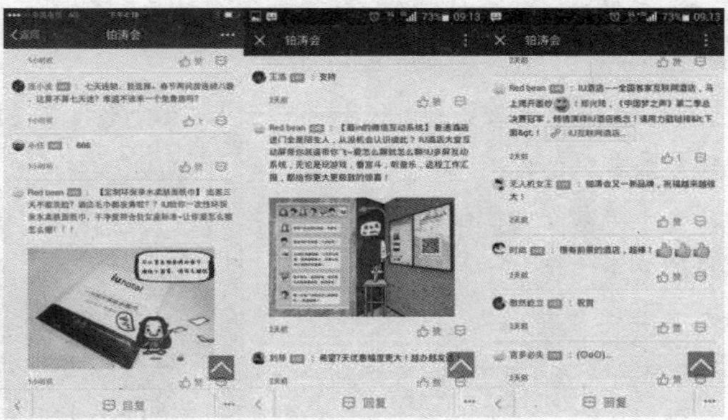

IU酒店品牌发布会广告

半个小时后，热闹的微信发布会便结束了，但这并不代表微信发布会的工作已经结束，IU酒店主动发布的会议宣传消息及嘉宾们主动分享的朋友圈信息非常好地达到了IU酒店的推广作用，所以说，微信发布会较传统发布会优势多多，让嘉宾宣传产品的行为从被动变成了主动，添加了个人感情色彩，信息更加真实，传达更加有效。

根据百度指数显示，在发布会次日，“铂涛会”会员出现飙升，充分地显示IU酒店举办行业首场微信发布会取得巨大成功。

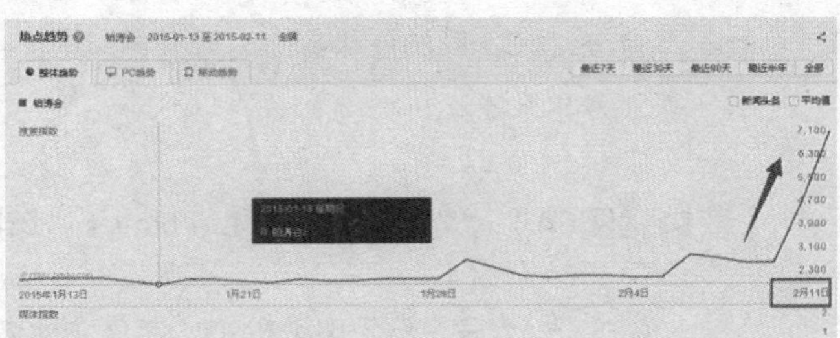

IU酒店品牌发布会数据

【营销案例03】7天“脱光”有神器，单身也要玩逼格

7天“脱光”有神器，单身也要玩逼格

在2014年“双11”光棍节，又是一个单身和隐形单身可以肆意当逼格玩货扬眉吐气的日子。

吃饭常常跟同事，热门电影一人看，旅个游还要边装睡边听导游唠叨……这样的日子，你过了多久了？

眨眼一瞬间，又是光棍节，想做个高逼格骚年，迅速脱光滚单吗？

在2014年“脱光节”，7天酒店集团推出“双11”住酒店送脱光神器活动。在这个“既要脱光，还要搞黄”的时刻，让我们一起认领男神女神，牵上男基女蜜，做“年轻的选择”，用最逼格的方法“脱光”吧！

7天酒店光棍节活动

扫描二维码，并在“双11”当天入住7天酒店集团旗下7天优品、7天阳光、7天酒店三大产品全国任一家酒店，向前台展示分享成功的内容，即可获得我们倾情奉上的“脱光”必备神秘礼物！

活动规则：

（1）会员必须在“双11”当天预订并入住，该活动只进行一天（11月11日当天）。

（2）入住时必须拿出手机让前台验证成功在微信上分享的活动内容。

（3）每家分店只设置20份礼品，先到先得。

（4）每张房单只能送出一份礼品。

【营销案例04】“7天会”获评Bia News“年度企业微信号”

“7天会”获评Bia News“年度企业微信号”

由科技自媒体Bia News主办，自媒体联盟We Media协办的“Bia News八周年

庆典暨自媒体眼中的2013评选颁奖”在北京成功举办。

在此次评选中，7天（铂涛酒店集团旗下品牌）的官方微信公众号“7天会”获得“年度企业微信号”。值得一提的是，“7天会”是唯一一个获此殊荣的企业微信服务号，当天铂涛酒店集团会员事业部负责人蔡灿生出席颁奖典礼并领奖。

Bia News及自媒体联盟对“7天会”的评价是：“7天会”是传统企业借力微信的典型代表，不仅在行业内首家实现7×24小时微信客服，而且预订、取消、入住、离店、积分到账等操作均有微信同步告知。“7天会”开通公众服务号仅半年多，粉丝数量已超过100万人，日均微信订房超过5000单，单月微信订单量超过10万单，每天处理消息数超万条，广受会员的好评，在未来将对企业和行业产生更大的影响。

Bia News创始人陈中指出，此次“自媒体眼中的年度最佳”是一群热爱互联网的自媒体评委和网友共同评选出的，评选结果具备专业性与优良的用户好评度。7天的官方微信公众号“7天会”是传统企业拥抱微信的典型代表，微信作为一个私密性很强、用户主动使用率很高的社交软件，“7天会”能以此找到切入点，迅速搭建微信客服体系，而且还能运营得如此成功，是在目前传统企业所运作的公众服务号中十分少见的。

此外，“7天会”成功打通了微信与7天的会员体系，加强了公众服务号与用户的互动体验，预订、微信支付、查看订单、资产等操作都能在微信上轻松完成。凭借这些出色的运营数据，在2013年11月微信主办的合作伙伴沟通大会上，“7天会”已被作为酒店行业的唯一公众账号进行展出。

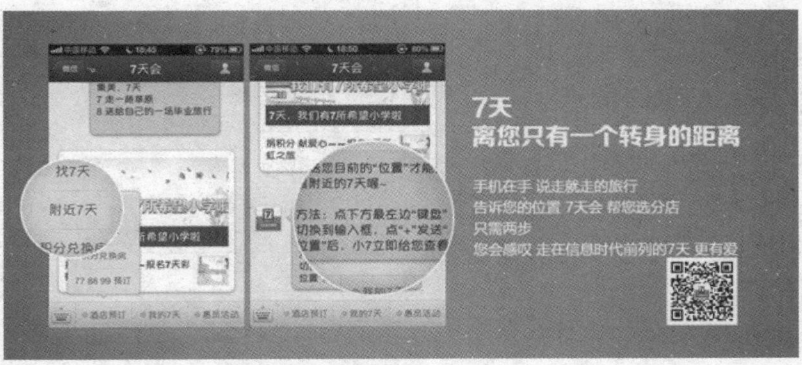

7天官方微信公众号“7天会”的广告

第二节　APP营销模式

一、什么是APP

APP是英文Application的简称，APP指智能手机的第三方应用程序。随着互联网越来越开放，APP的盈利模式开始被更多的互联网商业大亨所看重，如淘宝开放平台、腾讯的微博开发平台和百度的百度应用平台都是APP思想的具体表现，一方面可以积聚各种不同类型的网络受众，另一方面可以借助APP平台获取流量。

二、7天领跑经济型酒店APP，下载量位列第一

根据劲旅网发布的《2013年8月国内旅游类应用（APP）市场监测报告》显示，7天在2013年8月国内旅游类应用APP中下载量排名第十三位，居经济型酒店排名第一位，月下载量为534.9万次。

排名	APP名称	下载量（万）
1	去哪儿旅行	4553.6
2	携程旅行	3675.5
3	航班管家	2375.3
4	艺龙旅行	1207.9
5	大拇指旅行	1177.4
6	8684火车	1155.8
7	114商旅	1119.4
8	超级指南针	926.1
9	快捷酒店管家	754.2
10	旅游攻略	703.6
11	同程旅游	620.5
12	高铁达人	608.1
13	7天连锁酒店	534.9
14	超级火车票	503.0
15	飞常准	480.0

2013年8月国内旅游应用（APP）下载量监测及排名（安卓系统）

三、7天APP的优点

7天APP轻松订酒店，选房更快捷。通过手机预订7天，只要轻轻一触手机屏幕，酒店预订、附近酒店、附近美食、朋友足迹、我的7天等，应有尽有。简单、便捷，引领无线旅游新潮流，7天客户端不

只是订酒店这么简单。

7天广告

7天遍布全国300个城市，有2000多家分店，是8000多万年轻人的选择。异地旅行，如何轻松找到合适的分店入住，7天APP客户端人性化的地图找分店功能，可以快速找到当前位置周边分店，按最近的分店进行排列，还能指定地图位置搜索周边分店，让你想住哪就住哪。

四、7天APP只需30秒完成预订

7天客户端让你在30秒内就能快速、准确地完成预订，提供覆盖全国150个城市，超过1000家7天分店的查询、预订、支付服务，首家实现手机支付功能的酒店客户端。

下面是7天APP的iPhone版截图：

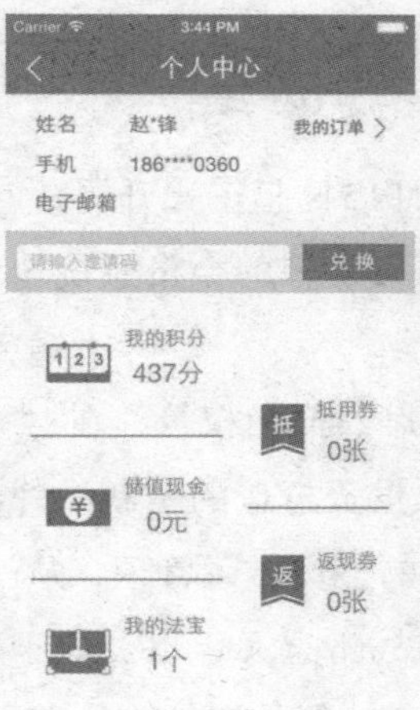

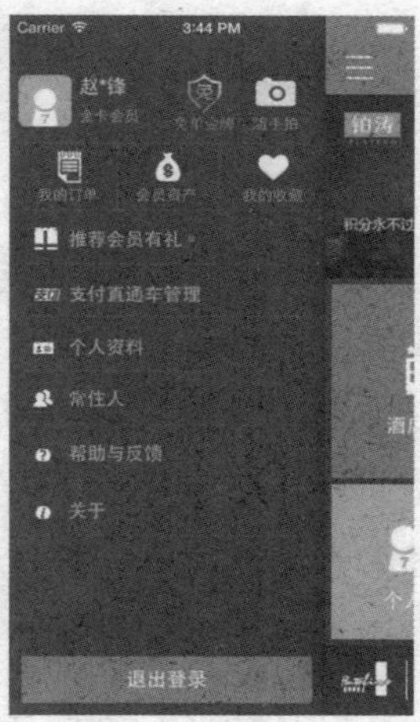

7天APP的iPhone版截图

第三节 “铂涛会”营销模式

一、升级“7天会”为“铂涛会”

铂涛酒店集团于2014年5月15日起正式升级“7天会”为“铂涛会”，此举意味着铂涛酒店集团旗下各酒店品牌的会员系统全面打通，也代表着铂涛酒店集团正式进入新的“铂涛时代”。

铂涛酒店集团其实是郑南雁、何伯权等人在对“7天”私有化之后，携手凯雷投资集团、红杉资本及英联投资打造的全新品牌酒店集团。而随着旗下五大品牌的扩张，需要有完善统一的会员体系管理，从“7天会”升级为“铂涛会”就具有资源整合及服务提升的战略意义，也类似于喜达屋和洲际这样的全球酒店集团，虽有许多下属酒店品牌，但是有统一的会员卡管理系统。

对于此次升级行动，据从铂涛酒店集团方面了解到的信息来看，“7天会”的会员升级为“铂涛会”会员后，可以享有：

（1）升级“铂涛会”会员，积分永不过期。

（2）金卡以上会员专享：金卡会员期间5次预订未到（NO SHOW）豁免，白金会员期间预订未到（NO SHOW）全豁免。

（3）升级“铂涛会”会员积分通兑铂涛集团旗下所有品牌酒店（铂涛菲诺、喆啡、丽枫、ZMAX潮漫风尚、7天）房间及礼品。

（4）其他还有房价折扣、积分加倍、随手拍2小时内响应、最优惠价格保证、微信24小时在线服务等特权。

二、“铂涛会”的功能介绍

“铂涛会”的功能有很多，并且还是不断地更新，当前具体的功能如下：

（1）快速定位，可以轻松查找全国铂涛集团旗下的品牌酒店。

（2）支持更多的预订支付通道，快捷安全，想订就订。

（3）法宝、积分、电子券，各种会员权益使用更方便。

三、“铂涛会”的营销优点

“铂涛会”提供覆盖全国各个城市上千家7天分店的查询、预订、支付服务，7天客户端让你在30秒内就能快速、准确地完成预订，是首个实现手机支付功能的酒店客户端，无线预订量全国第一。其优点如下：

（1）“7天会”全新升级为“铂涛会”。全新的会员政策，优惠更多，订房更快，手机预订送200积分。

（2）新注册会员尊享大激赏，首晚入住7天酒店仅需77元。

（3）会员积分永不过期，通兑铂涛旗下品牌酒店房间及礼品，新增各分店钟点房预约，白金会员尊享8.5折，预订未到全豁免，有更丰富的专题活动，会员可享受多种优惠，支持与好友分享互动。

第四节　跨界营销模式

一、什么是跨界营销

“跨界”是新锐的生活态度与审美方式的融合。跨界合作对于品牌的最大益处，是让原本毫不相干的元素，相互渗透相互融合，从而给品牌一种立体感和纵深感。可以建立“跨界”关系的不同品牌，一定是互补性而非竞争性品牌。这里所说的互补，并非功能上的互补，而是用户体验上的互补。

二、7天倾情赞助《中国梦之声》引发全民“年轻的选择”热潮

2014年，作为经济型酒店的龙头企业，7天强势推出7天优品酒店和7天阳光酒店引爆市场，取得热烈反响。此次倾情赞助《中国梦之声》将引发全民“年轻的选择”热潮，7天再次成为人们关注的焦点。

7天赞助《中国梦之声》广告

三、7天跨界合作的效果是“1+1＞2”

作为国内收视率领先、人气鼎沸的电视节目，《中国梦之声》的影响力有目共睹，而7天作为经济型酒店的龙头企业，不断升级的产品和服务品质更是自不待言，品牌理念是双方合作的基础。7天一直倡导做真实的自我，积极进取，勇于挑战，不随波逐流，鼓励年轻人就应该活得更加精彩，年长者就应该像年轻人一样活着。

《中国梦之声》是普通人展示和成就梦想的平台，只要坚持心中梦想，拥有执着追求，并且改变自己，每个人都会实现梦想。这样的理念正是对7天“年轻的选择”最好的诠释。

四、并驾齐驱加速品牌提升

此次合作，一方面，建立在相同的理念和价值人群上；另一方面，双方进行全方位的整合营销活动，旨在提高品牌渗透度和持久性。作为合作的重要环节，除了《中国梦之声》的官方报名渠道，7天全国各家门店也作为选手招募渠道，接受选手报名。随着活动的进行，《中国梦之声》的人气学员将陆续出现在7天的品牌活动推广中，为年轻的消费者提供了与偶像们亲密接触的另一个舞台。互动娱乐现成为年轻人最感兴趣的时尚话题和生活方式，7天与《中国梦之声》将通过微博、微信等多种渠道，打造品牌与消费者沟通平台。

【营销案例05】7天突破式营销为梦发声——是巅峰，更是新起点

7天突破式营销为梦发声——是巅峰，更是新起点

《中国梦之声》第二季总决赛于2014年12月14日上演巅峰对决。回首过去，从全国海选试音会，到偶像学院，到学员直播主题秀，每个周末，7天为每一个用生命歌唱的歌者而动容，而今，终于迎来见证全国总决赛巅峰的闪耀时刻。

1．王者登上理想殿堂

伴随着激动和唏嘘的《中国梦之声》最终拉下了帷幕，王者登上理想殿堂，歌者的实力争霸获得了实至名归的结果，《中国梦之声》独家合作酒店——

7天事业部总裁苏同民先生也为追梦人颁发了奖杯。在激光灯交会的舞台上，苏同民先生将梦想偶像的标志隆重授予《中国梦之声》“未来潜力之星”姚伟涛，仿佛在《中国梦之声》星辰之夜昭示了属于7天品牌的璀璨宣言。

7天广告

2. 7天是行业内的特立独行者

倾情赞助《中国梦之声》的7天作为与电视传媒首次跨界合作的经济型酒店代表，一直秉承快乐为本的服务理念，在业界掀起了一场场独特的酒店风尚。它的服务理念使7天完全沉浸在一种欢乐的氛围中，打破了酒店传统的庄严，给酒店一个全新的定义，7天的服务带给了人们与众不同的体验，甚至有媒体如此评价这个梦想前奏——7天是大众理想的归属地，7天是行业内的特立独行者。

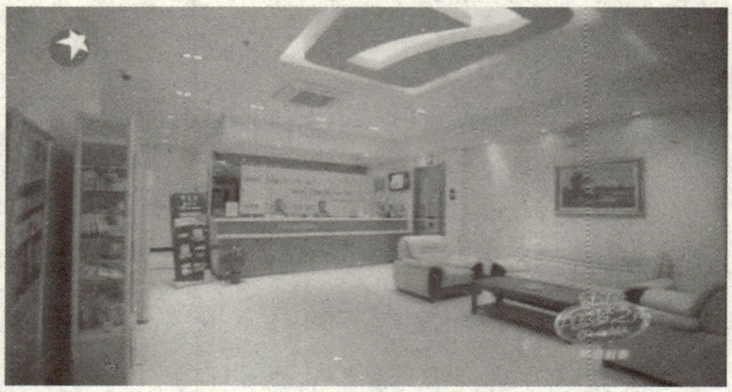

7天广告

3. 中国酒店的偶像

7天足以傲视群雄的突破性品牌理念基础，让7天品牌在万千注目中茁壮成长为“中国酒店的偶像”。7天发展期间，仍不断坚持创新，进一步完善经营理念。不到10年，7天就发展了1800家连锁店，全国8000万会员，这绝对是7天令人称奇的优秀经济型酒店真实的成绩

7天酒店广告

单。面对严峻的酒店市场形势，7天的运营和营销模式可以作为行业的标杆一直优越地存在并持续地发展，一如《中国梦之声》舞台上星光闪耀的唱将，一步一个脚印，凭实力演绎着梦想之歌。

4．7天突破了行业宣传桎梏

7天也是梦想的天堂，一直在创造大众旅居生活体验的新起点。7天突破行业宣传桎梏，像一个精灵般将自己的创新思维闪耀在酒店行业里。它巧妙地使用互联网思维，通过互联网进行网络运营，利用先进的网络营销模式对酒店的服务和定制进行有效的把控，形成了一套规范、高水准的运营系统。7天散发着卓越的气息，是国内酒店的引领者，同时，7天的宣传和推广更是以互联网为依据，因此互联网必将会成就7天的美好未来。在如今这个网络时代，作为经济型酒店偶像的7天必将以展现未来之星般的魅力挥舞宝剑，立定为王。

《中国梦之声》颁奖现场

5．7天突破了移动互联思维

正如《中国梦之声》第二季13场的歌唱续写着生命的传奇，是很多学员梦想的巅峰，更是追梦者们崭新的起点。7天如同《中国梦之声》一样给你惊艳，带你畅享激动温馨的欢快时光。据悉，7天计划推出的新精品酒店中，将会给客户带来更优质、更具科技感的旅居享受，除了全新升级的客房吧台、暗房绚丽景观河淋浴设计，甚至开辟了酒店移动互联微社区，真正身先士卒，突破移动互联思维，让住客透过7天微社区充分交流入住体验甚至任何的生活趣事，真正营造都市别样潮流生活的味道。

7天就像所向披靡的中国偶像，一直当着实至名归的业界领头羊，更不断进步、不断突破自我，攀登着新的高峰。让我们拭目以待，7天这位“年轻”的中国酒店偶像在未来给予我们的更多的巅峰震撼。

【营销案例06】《中国梦之声》新星热辣出炉，7天引领营销模式升级之战

《中国梦之声》新星热辣出炉，7天引领营销模式升级之战

由7天倾情赞助的《中国梦之声》第二季在2014年11月9日（周日）晚的首场“梦想逆袭战”播出，以48小时内网络终端播放量突破2000万的傲人成绩领衔选秀档。各大品牌蓄势待发，纷纷加入又一轮无硝烟的粉丝经济之战。而7天作为《中国梦之声》的唯一合作酒店品牌以升级营销模式力压群雄，同样战绩显赫。

1．逆袭夜战况激烈，12强实力制胜

声情碰撞、璀璨交汇的逆袭之战后，人气排名前四的李安梅（Emily）、郑兴琦、姚伟涛和萨吉直接晋级，逆袭学员郑湫泓、伊尔盼、栗锦攻擂成功，原12强中的唐宝、朱兴东、马海生守擂成功，而赖仪雯和阎奕格两位来自宝岛台湾的美女则顺利获得最后名额，12强正式诞生，可谓实至名归。

《中国梦之声》的广告

12强之中，郑兴琦、姚伟涛、赖仪雯三位学员自《中国梦之声》第二季节目开播登台之际，人气便一直居高不下，“梦之路”一直顺畅，有幸运的成分，但更多的是实力的彰显，就如本次《中国梦之声》第二季的唯一合作酒店7天一样，于2005年成立，在国内经济快捷酒店行业来说绝对算得上是后起之秀，却在短短不到10年的时间内，过五关斩六将，一跃发展成为中国经济型酒店行业的

第一品牌，分店总数已经超过2000家，覆盖全国300座城市，会员突破5000万大关。2014年，7天品牌家族还正式增加了2位新成员：7天优品和7天阳光，填补了国内经济型酒店行业内高端酒店及时尚酒店的空白，在追求更高的梦想之路上不断创新和发展，充满干劲和活力。

2. 7天营销升级线上运营战略创新

正当《中国梦之声》第二季逆袭之战被网友们津津乐道的时候，栏目唯一的合作酒店7天内人士对7天近期动作做了精准评价：随着国内互联网、智能手机的普及，向来走在行业前列的7天率先看到了实体行业隐藏在电子终端设备上的商机，先后通过赞助《中国梦之声》第二季、官网1元抢房活动、“双11”期间会员预订房间到店赠送神秘礼品、网络订房送168元大礼包并附一张梦之声学院签名照等创新模式，以线上活动促进线下门店的销售，身先士卒在酒店行业内实现O2O模式的华丽转型，上演精彩纷呈的营销升级之战。

3. 7天概念营销模式推广战绩喜人

此外，7天还搭载时下火热聊天工具微信，推出7天公众平台，让客户动动手指就能订房，并获得更多的趣味体验。更在“双11”期间尝鲜使用了场景应用推广，用屌丝女神的搞怪形象推广7天的特色服务与客房优势，耳目一新的创意获得了业界高度褒扬。与此同时，通过7天公众微信号，小伙伴们能随时随地关注《中国梦之声》第二季的动向并参与讨论，还能收到7天为热心微信粉儿们提供的神秘奖品。

7天的广告

深谙企业运营之道的7天品牌集团，一直通过科技和服务的持续创新，结合充满活力的7天企业文化，已成为中国经济型酒店行业的领军品牌，发展前景不容小觑。如今携手《中国梦之声》第二季，7天带领着年轻的学员们，唱响“我的年轻梦”，用自己的追梦行动鼓励着所有有梦想的小伙伴们能够在歌唱的道路上走得更远，在追梦的旅途上飞得更高，而7天的明天，亦如梦之声学员的璀璨星途，耀眼夺目。

扩展阅读

VANCL、7天跨界合作实现品牌双赢

世界上最好的企业是最善于合作的企业，越来越多的工作需要通过合作才能完成，不管是企业内部的合作还是企业之间的，尤其是异业合作。异业合作将分散的各利益主体共置于一个公共的平台上，各种资源汇集、交互，寻找与联合的各方在此均能在共同愿景的达成中实现自己的利益。很显然，各方利益的实现是以愿景的达成为前提的，而愿景是一个关乎最终消费者利益的问题，要实现愿景，就必须实现消费者利益的最大化。从这个角度讲，异业合作大受追捧就是情理之中了。

7天选择VANCL为合作伙伴，两者都属新锐品牌。7天作为经济型连锁酒店的新力军，在行业内迅速扩张。此次联合VANCL，无论从动机或者双方互利方面，都体现出合作利益的最大化，商旅人士在舒心住店的同时，还能体验VANCL的全棉生活品质，在低成本联合运作下获得了双方共同获益的效应，实现了品牌传播和销售上的双赢。

分析众多异业合作的案例可知，异业合作不能脱离目标的一致性。很多企业在搞异业合作时，只考虑资源怎么为自己所占有和利用，千方百计让别人的资源为自己脸上贴金，或者借助别人的产品或品牌的名气提升自身的形象。实际上，这两个极端性的做法往往失去了资源整合的真正初衷和优势。

因此，企业管理者们在考虑异业合作时，要充分考虑共有的目标市场具有怎样的承受力，然后再考虑提供合适的产品和服务向优势靠近，并且进一步考虑合适的整合方法，为异业合作提供更大的利益价值。

第五节　活动营销模式

作为经济型酒店行业的后来者，7天利用短短的10年时间，迅速发展成为中

国经济型酒店行业的领头军，在其崛起的过程中，营销策略的制定和实施起到了举足轻重的作用。从目前来看，垂直切割策略、不完善的市场细分和缺乏特色的营销策略都给7天进一步开拓市场构成了障碍。

一、用数字开头来做促销活动

下面列举一些7天用数字开头的促销活动类型。

活动一：77元住五星级大床房

1．活动日期

2012年9月10日至2015年12月31日。

2．活动内容

活动期间，使用二代身份证注册并手机验证成功的个人会员，可在活动页面领取77元法宝一个，领取成功即可以77元通过官网本人预订、本人入住指定分店自主大床房1晚。

77元住店活动广告

3．活动规则

（1）新会员成功注册并满足以下条件即可获得77元法宝：

①使用本人的二代身份证注册及完成手机验证。

②注册后未领取法宝可随时通过官网领取。

③已领取但过期未使用过77元特惠房法宝的会员可以重新领取一个；已领取且在会员账户里未过期的和已经使用过77元特惠房法宝的会员不可重复领取。

（2）77元法宝在领取成功后即送到[个人中心]——[我的特惠房]，有效期自获得日起6个月内，法定节假日和展会不可预订。

（3）77元法宝仅限7天会员本人预订并本人入住（入住人须与预订会员资料吻合，并在前台读取二代身份证办理入住）。

（4）77元法宝限预订指定分店2个自然月内的自主大床房（可订清单以预订时官网显示信息为准），须通过7天官网、7天手机版预订。

（5）77元法宝预订后不能更改，取消订单或预订未到将不退还法宝。

（6）77元法宝预订不可使用抵用券，不参与积分累积，不参与其他会员优惠返还，不参与会员升级条件计算。

活动二：88元新店体验

1．活动内容

拥有“88元新店体验”法宝的会员，可以88元特价抢先体验7天新开分店自主大床房。（提供的分店均为开业12个月以内的分店，酒店列表根据分店开业时间自动调整。）

88元住店活动广告

2．使用规则

（1）88元新店体验只对个人会员开放，限会员本人入住（入住人须与预订会员资料吻合，并在前台读取二代身份证办理入住）。

（2）88元新店体验限预订新开分店3个自然月内的自主大床房，具体的分店清单以官网预订信息为准。

（3）88元新店体验须通过7天官网、7天手机版预订；法定节假日和展会不可使用。

（4）88元新店体验预订后不能更改：取消订单或预订未到将不退还法宝。

（5）88元特惠房不参与积分累积，不参与其他会员优惠返还，不参与会员升级条件计算。

（6）“睡前牛奶”等会员待遇一律照常。

（7）88元新店体验法宝的使用期限请查看各发放活动说明，或查看法宝说明。

（8）88元新店体验法宝将不定期通过各大活动发放，详情请点击特惠专区。

活动三：99元特惠房

1．活动内容

拥有“99元特惠房”法宝的会员，可以99元入住指定分店自主大床房1晚。

99元住店活动广告

2．活动规则

（1）99元特惠房法宝需通过7天官网、手机触屏版预订，法定节假日和展会不可使用，使用期限3个月。

（2）99元特惠房法宝仅限7天会员本人预订入住（入住人须与预订会员资料吻合，并在前台读取二代身份证办理入住）。

（3）99元特惠房法宝限预订指定分店当月的自主大床房，具体的分店清单以官网预订信息为准。

（4）99元特惠房法宝预订后不能更改，取消订单或预订未到将不退还法宝。

（5）99元特惠房法宝不参与积分累积，不参与其他会员优惠返还，不参与会员升级条件计算。

活动四：7天优品/7天阳光免费体验

1．活动内容

拥有“7天优品/7天阳光免费体验券”的会员，可以免费入住优品/阳光指定分店的大床房1晚。

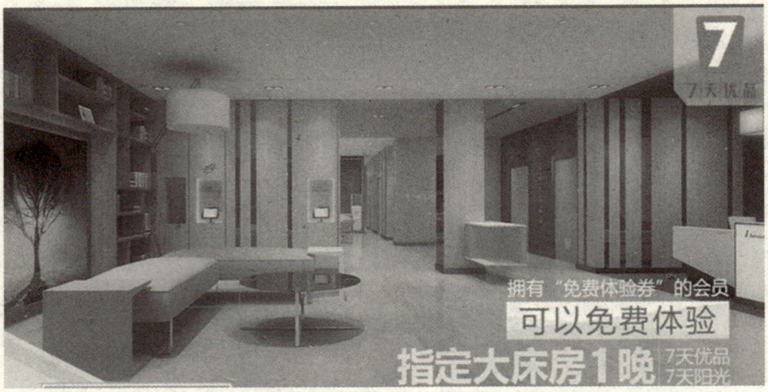

免费住店活动广告

2．活动规则

（1）限预订7天优品、7天阳光已开业分店的指定大床房，具体的分店清单以官网预订信息为准。

（2）需提前1天通过7天官网、7天手机版预订，周五、周六、法定节假日和展会不可使用。

（3）限会员本人预订入住（入住人须与预订会员资料吻合，并在前台读取二代身份证办理入住）。

（4）预订后不能更改，取消订单或预订未到将不退还体验券。

（5）不参与积分累积，不参与其他会员优惠返还，不参与会员升级条件计算。

二、用其他形式进行促销

活动一：广交会特惠

1．活动内容

第116届广交会首选品牌酒店，房价低至157元/晚起。（150家分店、15000间客房遍布广州任您选择。）

第116届广交会住店广告

2．活动规则

（1）入住即送88元新店体验法宝。

①活动期间个人会员通过自主渠道（官网、客户端、手机触摸屏、微信）

预订广州的分店并成功入住过夜即可获得88元新店体验法宝1个。

②法宝在离店后48小时内赠送至预订会员的账户，有效期6个月。

③活动期间每位会员限获赠1次。

④仅7天个人会员参与，公司会员及合作卡会员不参与本活动。

（2）免费接送。

免费提供巴士往返酒店与琶洲展馆之间。

活动二：分店团购券

1. 活动内容

在当前页面输入团购券号即可获得对应金额抵用券。

团购券领取界面

2. 活动规则

（1）抵用券限会员本人在铂涛会官网上预订过程中的网上支付时使用，每间房每晚限用1张抵用券。

（2）每张抵用券均有适用日期范围，系统会自动判断是否可用于当前订单，订单的入住日期都在适用日期范围内使用。

（3）使用抵用券支付的部分，不能获得积分、不开发票。

（4）入住后如果提前离店，抵用券部分将不能返还。

（5）电子抵用券仅限本人预订本人使用，不可用于特价订单。

活动三：无线预订好礼享不停

1．活动内容

通过铂涛会手机客户端、官方微信、触屏版本人预订并入住每房每晚加送200积分。

2．活动规则

无线预订活动界面

活动四：订7天商务房返现10%

1．活动内容

预订商务房型可在过夜离店后获得实付房费10%的现金返还，房间提供生活用品包、营养早餐和瓶装水。

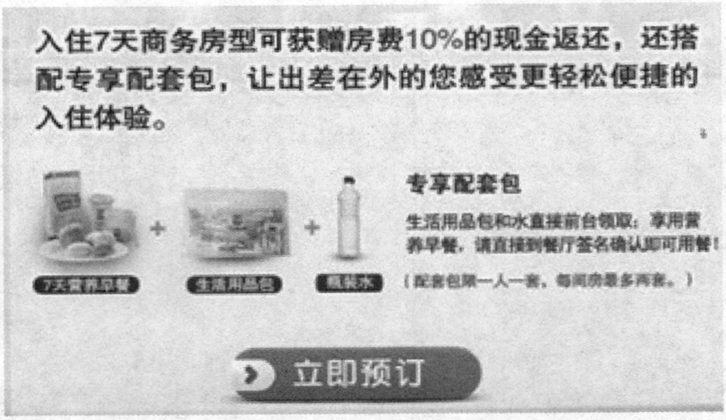

商务返现10%广告

2．活动规则

（1）获得等值于实付房费10%的现金返还，离店后自动返还到储值账户，有效期2年。

（2）使用抵用券，购买生活用品部分金额不参与返还；返还后可登录7天官网——“我的7天”查询。

（3）返还的储值现金可以用于支付房费、手机充值、官网购物。

（4）此优惠只对个人会员身份的预订有效；公司会员不参与此优惠活动。

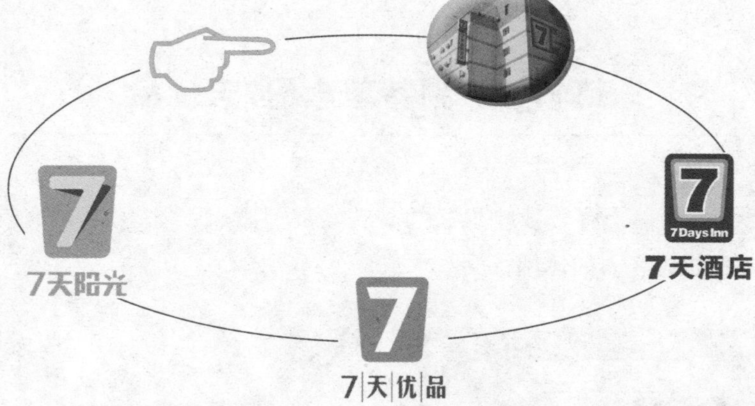

第五章
创新品牌，提升了7天的市场地位

导言：

在经济型酒店的主流市场一、二、三线城市中，7天以“天天睡好觉”为核心理念，立足于满足大众消费人群的住宿需求。7天旗下的两个新品牌则面向两个不同的市场：7天优品侧重一、二、三线城市市场，将为消费者提供更有品质、更为舒适的酒店产品；7天阳光则主要面向三线以下的城市市场。这样在经济型酒店的主流市场里，7天就稳稳地占据了一、二、三线城市的市场。

第一节　独特理念的7天优品

7天优品是一个有着独特想法的高端经济型酒店，首创了多功能的主题优吧，以满足住店客人的休闲社交需求。

7天优品的广告

一、7天优品的品牌理念

7天优品，一个有着独特想法的高端经济型酒店，拥有率性的灵魂、优雅的气质和自然随性的生活态度。致力于以简约时尚的设计、优质舒适的产品和年轻快乐的服务，为商旅客人创造更舒适、更轻松、更自在的年轻生活方式。

7天优品的广告

二、7天优品的版图有多大

7天优品在全国多个省份建立门店，目前分店数目已超过50家，并继续积极地增加中。

7天优品的广告

三、7天优品酒店的特色

7天优品首创了多功能的主题优吧，满足了住店客人的休闲社交需求，高科技3D空间技术帮助客人摆脱都市奔波烦嚣，放松身心。另有超大热带雨淋、5种定制睡枕、高速Wi–Fi全覆盖、顶配智能电视、升级办公桌椅等特色服务设置。具体如下图所示：

7天优品酒店的特色

- 免费无线：酒店提供公共区域免费Wi–Fi
- 酒店服务：免费Wi–Fi、免费停车、中餐厅、叫醒服务、洗衣服务、旅游服务、行李寄存、电梯、前台保险柜、安全消防系统、公共区域闭路电视监控系统、电子结账系统、24小时热水、大堂提供上网电脑
- 服务设施：国内长途电话、电热水壶、拖鞋、独立写字台、多种规格电源插座、免费瓶装水、电子磁卡门锁、座椅、电热水器、直饮水、室内卫生间、室内洗浴间、淋浴、免费提供一次性洗漱用品
- 信用卡：牡丹卡，金穗卡，长城卡，龙卡，太平洋卡，东方卡

7天优品酒店的特色

7天优品的广告

扩展阅读

7天优品的成长之路还有多长

年份	成长之路
2014年1月	7天优品湛江国贸王府井店开业
2014年3月	7天优品广州石牌桥地铁站店开业
2014年6月	7天优品广州佛山黄岐店开业
2014年7月	7天优品广州芳村店开业
2014年8月	7天优品广州三元里店开业
2014年9月	7天优品格尔木火车站店开业
	7天优品珠海拱北口岸广场轻轨总部店开业
	7天优品洛阳万达广场店开业

续表

年份	成长之路
2014年9月	7天优品张掖客运部店开业
	7天优品桂林中心广场店开业
2014年10月	7天优品广州天河岗顶地铁站店开业
	7天优品北京崇文门幸福大街店开业
	7天优品安顺火车站广场店开业
	7天优品银川火车站福州南街店开业
	7天优品宿迁项王故里景区店开业
	7天优品南昌北京路恒茂梦时代广场店开业
	7天优品兰州西客站店开业
	7天优品广州东晓南地铁站旗舰店开业
	7天优品西安小寨地铁站金莎店开业
	7天优品洛阳九都店开业
2014年11月	7天优品新乡火车站店开业
	7天优品苏州石路山塘街地铁站店开业
	7天优品广州车陂地铁站苏宁广场店开业
	7天优品唐山新华道店开业
	7天优品成都沙湾会展中心店开业
	7天优品哈尔滨和平路省政府店开业
	7天优品佛山乐从店开业
	7天优品南京新街口中心店开业
	7天优品北京西客站六里桥店开业
	7天优品天津滨江道店开业
	7天优品昆明火车店开业
2014年12月	7天优品重庆红锦大道加来金大厦店开业
	7天优品连云港赣榆东关路深港步行街店开业

续表

年份	成长之路
2015年1月	7天优品西安太白路西北大学店开业
	7天优品深圳科技园高新园地铁站店开业
	7天优品湛江赤坎世贸店开业
	7天优品广州天河客运站地铁站店开业
	7天优品扬州瘦西湖店开业
2015年2月至今	7天优品南京高淳北岭路店即将开业
	7天优品亳州建安路火车站店即将开业
	7天优品天津友谊路梅江会展中心店即将开业
	7天优品天津天塔店即将开业
	7天优品寿光国际商贸城店即将开业
	7天优品平湖中心店即将开业
	7天优品伊宁西环路店即将开业
	7天优品兴义机场路店即将开业
	7天优品贵阳花果园购物中心店即将开业
	7天优品惠州淡水万联家乐福购物中心店即将开业
	7天优品瑞丽南卯街店即将开业
	7天优品重庆江北机场枢纽换乘站店即将开业
	7天优品天津大悦城店即将开业
	7天优品天津市市政府店即将开业
	7天优品宁波江北人民路店即将开业
	7天优品天津保山道店即将开业
	7天优品广州番禺长隆省妇幼万达店即将开业
	7天优品重庆龙头寺火车北站中心店即将开业
	7天优品北京黄村西大街店即将开业

第二节　潮流设计的7天阳光

7天阳光面向四、五线城市的县镇市场，在满足消费人群核心住宿需求的基础上，增强酒店的设计时尚感，提升酒店档次，适当增加会友聚客的功能。

一、7天阳光的品牌理念

1．7天阳光的品牌理念要点

7天阳光紧贴大都市酒店设计理念，采用潮流设计元素，提供给顾客快捷时尚的服务及消费方式、简约时尚的设计风格、干净舒适的房间、便捷的服务流程、领先互联网的预订方式，为客户带来触手可及的都市时尚。

7天阳光广告

7天阳光的品牌理念总结起来有如下表所示的几个要点。

7天阳光的品牌理念要点

序号	要点	要点说明
1	时尚	所谓时尚，是指一个时期的流行风气与社会环境。时尚引领潮流，是流行文化的表现。时尚的事物可以指生活中的任何事物，例如时尚发型、时尚人物、时尚生活、潮流品牌、潮流服饰等。一个时期内社会环境崇尚的流行文化，特点是年轻、个性、多变及公众认同和仿效。虽然铂涛集团把7天阳光定位在四、五线城市，但是它适应当前潮流的时尚设计，仍然赢得顾客的青睐，尤其是年轻顾客的选择

续表

序号	要点	要点说明
2	简约	所谓简约，是指力求语言简洁扼要的文体风格。其特点是简洁洗练，单纯明快，词少意多。简约不是简单摹写，也不是简陋肤浅，而是经过提炼形成的精约简省，富有言外之意。其弊是容易流于郁而不明的晦涩。因此，7天阳光酒店采用了简约的设计元素，这种简约的设计元素正迎合了当下年轻人的欣赏风格
3	别致	在这里所谓的别致，是指7天阳光酒店将创意变成一种态度，将人与设备、设备与设备、人与人连接在一起，让生活与快乐无间、轻松与自由无间、娱乐与简单无间，无论顾客与员工用何种终端和系统，都将成为客户快乐的纽带，让一切成为一个整体
4	温暖	在这里温暖有两种意思：一个是指身体的温暖，另一个是指心灵的温暖。7天阳光酒店在客房的布置和摆设，以及其他方面，给顾客的感觉都极其像在家一样有温馨的气息。所以，7天阳光酒店的客房给顾客的感觉是温暖备至
5	舒适	所谓舒适，是指给人以安乐舒服的感觉。由于顾客是来住店的，因此顾客的很多时间都是在客房渡过的，所以7天阳光酒店在设计卧室时，首先想到的是舒适和宁静，通过色彩的搭配来营造舒适的卧室环境。再配上纯白色的床上用品，无论顾客在家中的氛围多么平淡，都将被这种家居感染得动感、活力十足

7天阳光的潮流设计

2．7天阳光的设计亮点

7天阳光为了让顾客出门在外也生活得健康，很注重客房的装修设计，尤其是客房设计非常有亮点。顾客睡在这样的客房中，简直是人生最大的享受。到底它的客房设计有哪些亮点呢？总结起来有如下图所示的几个方面。

1 → 房间布局兼具功能与设计，更重视空间层次感与立体感，小空间也有大梦想

2 → 动静结合的色彩搭配，在大堂设计上色彩更加动感，都市时尚气息扑面而来；在房间设计上色彩更加安静，带来更完美的休闲睡眠体验

3 → 交叉阅读灯设计避免了灯光对眼睛的刺激，局部照明除了节能环保，更能带来舒适的入住体验

7天阳光的设计亮点

7天阳光的客房设计

3. 7天阳光带给顾客哪些体验呢

体验到的东西使得我们感到真实，并在大脑记忆中留下深刻的印象，使我们可以随时回想起曾经亲身感受过的生命历程，也因此对未来有所感悟。那么，7天阳光带给顾客的体验是什么呢？总结起来有如下图所示的几个方面。

1. 进入宽敞明亮的大堂，年轻的气息扑面而来：微信签到、找到志趣相投的朋友、邀请三五朋友在休息区谈天说地、体验iMAC上网，7天阳光时尚体验从此刻开始
2. 趣味时尚的图标、温暖的灯光、柔软的地毯，带你从动感的大堂过渡到安静的房间
3. 进入客房，音乐响起，带来一天的好心情，屋内柔和的灯光静静地为你守候，安眠床枕，尽心营造安静的睡眠环境
4. 洗面台一体设计，造型美观，提供足够的空间容纳私人用品，宽敞的淋浴间、十秒速热淋浴系统、自助式风筒为你拂去旅途的疲惫

7天阳光带给顾客的体验

7天阳光的设计

二、7天阳光的全国版图有多大

7天阳光的足迹正踏遍全国，并且在短时间内迅速建立起逾200家分店，发展势头强劲，受到了消费者的认可。

7天阳光的开业广告

扩展阅读

99阳光乐满地，南秦晓雪俏兴安

仰天长笑出门去，我辈岂是宿宅人？囊中羞涩金银少，还要吃喝玩乐纵平生。

说者勿羞怯，听者别偷笑。这样的诉求，早已不是梦，因为——7天阳光兴安乐满地店盛大开业了！只要99元即可入住。

这一次，吃喝玩乐，99阳光乐满地。

7天阳光的开业广告

吃。全天候阳光味道。这里有不间断的美味和随时都在守候的贴心。吃得温馨。

喝。高品质咖啡、清香茶水和免费矿泉水，让生活静一点，让旅程慢一点。喝得静雅。

玩。年轻趣味设计，阳光微信空间，约志趣相投的玩伴，尽享都市时尚。玩得痛快。

乐。99元不算贵，7天阳光乐满地店，兴安之夜，有阳光相伴。乐享超值。

7天阳光的开业广告

这一站，吃喝玩乐，南秦晓雪俏兴安。

吃。滋补养生，白果炖老鸭；不仅米粉节年年有，还可“一碗米粉定终身”。吃得满足。

喝。中国米酒之源，贵在原汁原味；秦文流觞，“代承秦汉文化、祝愿百姓吉祥”。喝尽文化。

玩。昔日水街小南京，今日灵渠长相伴；兵家必争严关口，晓雪只为将军泪。把玩历史。

乐。主题乐园旅游必去——中国十佳乐园乐满地；喵星人也有大气魄，猫儿山娇俏媲五岳。乐在年轻。

7天阳光的开业广告

魅力兴安的诱惑，7天阳光的守候。99元已足够——吃喝玩乐纵平生！

三、7天阳光的特色

7天阳光巧妙地运用智能科技和空间布局，集高速Wi-Fi、集成插座、音乐和智能电视、微信互动、休闲桌椅于一体，让客人尽享休闲办公、轻松会友的乐趣。

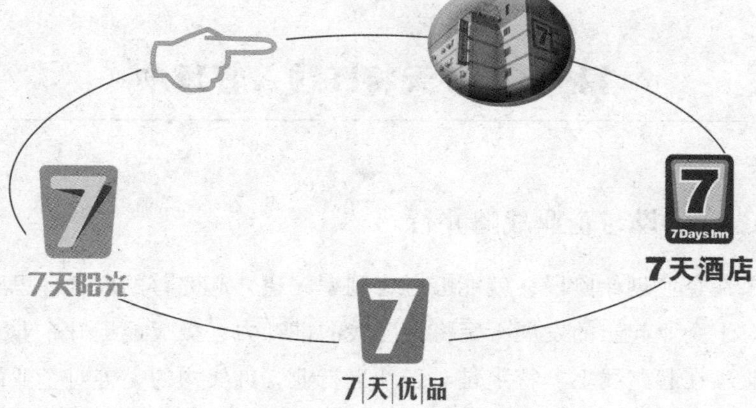

第六章
创新理念，提高了7天的核心竞争力

导言：

创新是企业持续发展的原动力。7天通过一系列的创新理念，努力实现“客户受益最大”的目标，致力向7天会员们提供更具人性化、更便捷的优质酒店及会员服务，使消费者真正感受到“天天睡好觉”的愉悦。

第一节　7天将IT融入管理中

一、IT建设与企业战略并行

如果在企业创始阶段，就能够考虑到率先建立起完善的IT管理思路和架构体系，对于企业起步的发展无疑将是巨大的推动力，极大地提升企业竞争力，帮助企业赢在起跑线上。特别是对于新兴行业，IT架构的完善对企业的影响更是至关重要的。7天在策划初期就把IT建设提高到将直接影响整个企业构建、管理和发展的战略高度来认识IT建设和进行具体实施，使得7天在强手如林的经济型酒店中像一匹黑马脱颖而出，并迅速发展成为这个新兴行业的佼佼者。

7天的信息化管理合作仪式

二、IT思维是7天的成功要诀

7天副总裁林粤舟直言，IT思维架构改造连锁酒店的管理模式和运行模式，是7天成功的关键。连锁酒店其实重点在连锁上，连锁就意味着低利润、店面多、节奏快、管理难。如何能够在迅速扩张的同时，让消费者以最快捷方便的途径了解并接受7天的服务呢？在不可能对大规模店员做深入培训的同时，如何对酒店实施有效的低成本管理？如何收集和分析消费者信息，制定房价策略和营销政策，从而最终培养和提高消费者忠诚度？这些问题，7天通过IT手段都得到了很好的实现。众所周知，连锁企业要求业务模式具有可复制性和标准化流程，但往往忽视了连锁企业的另一个特征，就是简单化。只有简单的东西才有可能被复制。IT的任务就是保证整个管理架构的简单统一性。

三、将IT思路贯穿到企业管理

如果没有前期信息化建设和对可能面临的企业发展问题有着充分的思考和准备，7天不可能在短时间内做到将各方面问题从容应对和完美处理。7天的管理者认为，宁可IT建设做在前面，等待业务发展，也不能让业务发展等待IT建设，IT绝对不能拖业务的后腿，IT需要前瞻性。有些企业，对IT系统的建设不到位，以至于后续不断地打补丁，就是缺少前瞻性的考虑，最初的投入规模和方式是非常关键的。不一定需要投入巨大的资金购买设备，精简、高效、可扩展性是IT建设成功的基本特征。7天的成功之处，正是基于将IT思路贯穿到整个企业管理理念的前瞻性决策，而不是靠强大的IT投入和庞大的技术研发团队。

四、IT是企业实现业务整合的桥梁

在7天，营销会议制定的决策会在当周执行，IT能够对业务做到迅速的支持反应。IT是7天管理的灵魂，是贯穿酒店管理的主线。IT不是把各个业务部门的需求做简单的整合，IT是企业实现业务整合的桥梁。IT做得好，并不是指要面面俱到，而是要把握本质，回归核心。IT解决不了所有问题，业务模式和流程如果设计有问题，IT做得再好也是徒劳的。IT的作用是将规划好的业务流程和模式以更高效、更便捷的方式来执行和实施，并不是所有的业务需求都应该得到IT的认可，在7天，IT坚持对不合理的业务需求说“不”。把握业务的真实需求，强调一定要贯彻执行的结果。跟业务部门沟通，强调业务部门的问题是什么，而不是业务部门要什么，根据问题本身出发，才能更好地把握真实需求。简单地把IT支持理解为业务部门要什么就做什么，很可能做出来的结果，并不能解决实际问题，反而浪费了公司资源，使业务流程变得更复杂和困难，那么就与管理理念的初衷背道而驰了，对业务发展不仅没有起到支持作用反而有害。

五、IT成为业务发展的伙伴

现代社会信息化建设已经逐渐脱离了简单意义上的技术支持，IT成了业务发展的伙伴，越来越多地贯彻到管理执行的细节。这要求IT人要有做过业务的经历，充分理解业务部门的想法，这对IT实施来说非常重要。林粤舟强调，IT了解技术不是最重要的，必须要懂业务。对企业选择CIO来说，更是要看重在CIO个人经历中体现出来的很强的理解业务的能力，能够站在更高的管理层面角度，从IT管理思路出发，对企业业务和发展提供支持和把关。信息化建设要成功，在企业内部一定是从上至下地实现业务重组和优化。IT建设不是单纯争取业务部门的满意度，要贯彻整个IT管理的理念，IT的管理思路具有延续性，这样建立起来的IT架构和系统才会更加富有生命力，生存周期也更长，更容易适应未来的企业业务发展。林粤舟认为，一个成功的CIO要求有足够的业务经验，很强的说服力，具有对企业发展的前瞻性，同时要拥有一定的威望和权力来保证IT建设的顺利实施。

六、IT系统在管控上的优势

7天的创始人郑南雁是计算机专业出身，曾创办电脑软件公司，并曾任职携程旅游网，之后自立门户，创办了7天。自创办之际，郑南雁就与其团队建立了IT电子信息技术平台，并不断创新，使之演变成为酒店的核心竞争力。与其他酒店IT系统仅停留在客房预订服务不同，如今7天的电子商务系统已涵盖了酒店管理的方方面面，如中央预订系统、物料计划管理系统、店务系统、中央报表系统等。从而在成本控制、系统管控上更具优势。这些看似道理简单，却难以复制。7天的中央预订系统（CSR）是业内少有的，能同时接受网络、电话、WAP、短信和手机客户端5种预订模式。

第二节　7天采用会员制直销模式

一、7天拥有中国酒店业规模最大的会员体系

早在2005年，7天就建立了会员体系。2015年4月，7天已在300多座城市拥有超过2000多家连锁店；“铂涛会”拥有会员超过了8000万人，是中国酒店业规模最大的会员体系。网站预订和呼叫中心只对注册的会员服务，保证了对客户数据的全面分析和掌握。

二、7天与星月联盟的原因

2008年，7天与中小品牌酒店合作成立星月联盟。重点在没有建立7天的地区和城市，选择当地合适的酒店建立联盟，以保证会员能够利用7天的预订平台，选择星月联盟中的其他酒店。当年的7天从短期来看，似乎是7天把客户送给了其他酒店。从长远来看，7天留住了会员，避免了会员数据和信息的流失，培养了会员使用7天网络平台的习惯，与会员建立了良好的互信关系。在7天的论坛中，会员只要不违反法律，允许言论自由，不会删除会员对7天的任何差评，这使7天得到了会员的信任和欢迎。

7天的会员

第三节　放羊式的管理模式

与传统酒店采用科级层次管理不同，7天削弱了总部对单店的控制力，给予店长充分的权力。在7天，每一个店长都是经营者，而非单单是执行者。在店长之上，不再设立区域经理和总监。7天在单店入住率、客户好评度等几项上设立了评价指标，达到标准的店长可获得数十万元的奖金。丰厚的奖励机制以及扁平式的管理，使得每一个7天的店长、店员都以主人翁的姿态来为客人服务，从而将提供优质服务做到了极致。

一、放羊式管理模式的重点

对于7天来说，这种放羊式的管理模式，给了投资者很大的自由空间，但是总的那条线还是拽在7天总部的手里。其重点如下图所示。

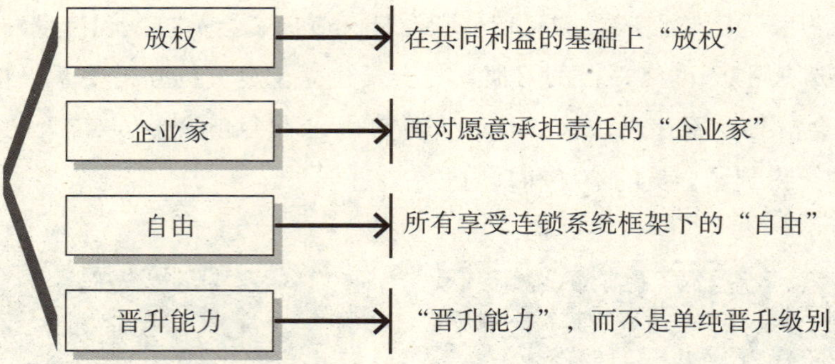

放羊式管理模式的重点

二、四条线的支持中心

7天对各个分店有四条线的支持中心给予帮助，具体如下页图所示。

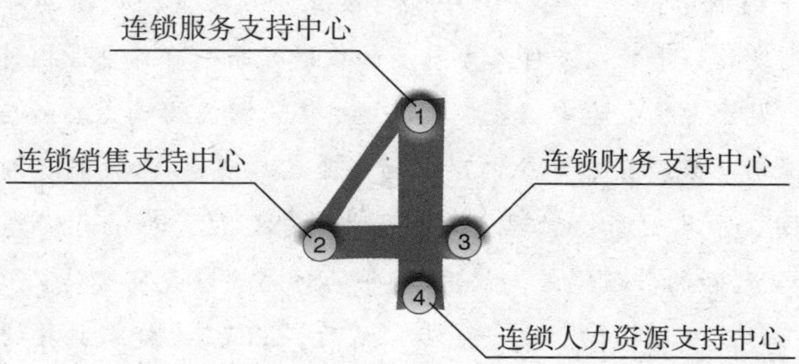

四条线的支持中心

三、总部支持中心的职责

7天总部支持中心的职责如下图所示。

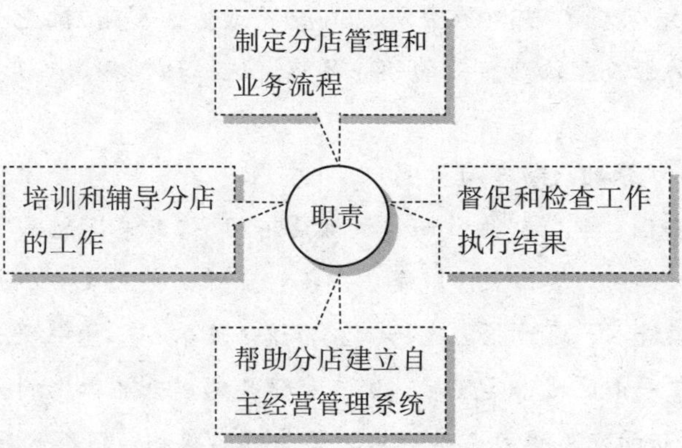

总部支持中心的职责

扩展阅读

7天开创酒店管理新流派

2009年3月，享有“中国酒店业奥斯卡奖”美誉的中国酒店星光奖颁奖盛典拉下帷幕，7天获得了“中国最佳本土酒店管理集团”的称号，成为经济型酒店行业内首家获得该殊荣的企业。

据悉，中国酒店星光奖自2005年开始设立全国大奖，凭借其评选范围的全面性、评选制度的公平性以及评选委员会的权威性而一直备受业内外人士的广泛关注及认可，现已发展成为中国规模大、规格高、极具影响力的酒店行业颁奖盛事。本次评选活动吸引了众多业内顶尖的企业参与角逐，7天能脱颖而出获取大奖的主要原因在于其创新的管理模式给行业带来了巨大影响。评委在点评时指出，7天凭借其创新的管理模式，仅用了3年的时间就炼成了“如家”的身价，成为经济型酒店行业“双引擎”之一。专家认为，正是7天标新立异的管理模式，将“小酒店、大产业”的战略发挥得淋漓尽致，带领着7天迈向成功之路。7天开创了“酒店管理新流派”。有一位西方管理大师曾这样解释管理的本质：“管理是一种实践，其本质不在于‘知’而在于‘行’；其验证不在于逻辑，而在于成果；其唯一权威就是成就。”管理无定式，凡是能推动企业快速、稳健、高效地向前发展的管理模式都是值得借鉴的。作为业内规模增长速度最快的7天，仅用了短短3年时间就实现了“300家分店、500万会员、吸引逾2亿美元资本投入”的辉煌成绩，成为经济型酒店行业的领导品牌。这一切，都离不开7天创新管理模式的保障。

1.“另类”扩张的战略布局

与先布局全国、再深耕细作的传统做法不同，7天采用的是“多区域核心城市第一”的深入模式。具体做法就是集中各种资源，每选准一个地区，就以10家以上店面的规模进入，迅速抢占市场，成为该区域第一。集中资源有利于将成本降到最低，而在一个区域密集发展，则有利于快速提升品牌影响力。事实证明，7天利用这种创新的发展模式，迅速占领了其他品牌相对薄弱的华南、华中、西南市场，在这基础上迅速北上、东扩。7天在全国市场大举扩张时，那些老品牌发现很难在7天已占领的区域中进行发展——当地居民对7天这一品牌已相当熟悉。

正是这种全新的发展模式，使7天连续3年以令人瞠目结舌的超过300%的速度增长，迅雷不及掩耳地跻身经济型酒店行业的第一阵营。在快速扩张的同时，7天也保证了门店的盈利能力，创造了一个酒店业的奇迹。

2. IT流程再造的运营管理

7天有一种独特的竞争力，就是所谓的“鼠标+水泥”的经营模式：通过一套基于IT信息技术的中央运营系统，建立起发达的数字神经，保证了企业通过信息共享而不是靠控制和命令做出反应，既降低了运营和管理成本，实现了员工的自主创造和步调统一，也为顾客创造了便捷和实惠。

基于统一的IT系统平台，7天由此架构起了各个分支运营体系，包括店务质量控制、开发评估推进、财务流动管理、工程采购、人力资源体系等，消费者在进行搜索、预订、确认、支付、评价等一系列行为时，7天平台会自主地调动每个运营体系的活动，避免工作流程延长或信息不对称而造成资源成本的上升。比如在传统酒店与中介机构合作过程中，其营销体系会相对独立，信息传递流程缓慢且不能控制，而7天通过会员制的营销系统，自行服务会员，却能达到最佳的营销效果。

3. 独特的会员制营销管理

在营销方面，7天同样独具一格。从一开始，7天就摒弃了依靠旅行社和酒店代理机构的方式，坚持推广会员制。据悉，传统酒店依赖其他分销平台，每卖出一间房，分销代理商就要抽走20％甚至更多的交易额，酒店因此支付越来越高的利润比例，间接使酒店降低了服务质量，使得消费者成为中间环节高昂成本的买单人。然而，7天采取会员制营销却节省了大部分的分销成本，而且能把更多的利益回馈给消费者，这样有助于培养会员的忠诚度。通过精彩、互动的会员忠诚度计划，7天目前已搭建了行业内最庞大的会员体系，拥有会员超过500万人。这似乎预示着7天未来的发展：经济型连锁酒店发展到四五百家后，决定企业成败的因素是品牌的号召力而不是店面数。正是由于7天独特的会员制营销，使其在金融危机的冲击下能“独善其身”，没有受丝毫影响。据悉，当时在7天总交易量中超过60%的比例来源于会员在网上和手机WAP预订，这样的比例在所有经济型酒店中是最高的。

4. 全新电子商务营销管理

拥有全球酒店业第一电子商务平台一直是7天手中的一大王牌，它有效地支撑着7天独特的会员制营销。作为业内第一家深耕电子商务平台的经济型酒店，7天打造出竞争对手无法逾越的优势，奠定其在行业电子商务的领军地位：在经济型酒店网站Alexa2009年1月排名中，“7天”网站流量首度超越全球经济型酒店领头羊——宜必思（国际）排名第一，成为全球第一的酒店网站；在当时，7天是业界唯一一个实现企业门户网站和数据库完全对接的商务平台，成为真正意义上的酒店电子商务平台；7天还是唯一一家能同时提供互联网络、呼叫中心、短信、手机WAP等4种便利预订方式的酒店……强大的技术优势，塑造出业内最权威的电子商务平台，同时也为7天电子商务的扩展奠定了坚实的基础。

在强大的技术优势领跑下，7天把创新的电子商务服务延展到了全方位运用互联网综合渠道上。从最具影响力的搜索引擎“百度联盟”到生活咨询搜索平台“去哪儿”“酷迅”“口牌网”，从综合性虚拟社区“天涯”“51.com”到门户网站“新浪”“腾讯”，从即时通信到支付平台……7天已经把触角全面深入到整个互联网中。消费者可通过触手可及的网络，获取7天免费会员注册入口及酒店预订入口提交订单的服务。

基于网络的消费模式，7天电子商务平台带来了便捷和成本优化，令消费者更加受益。

而7天电子商务平台更加扁平化，所以成本更低，流程更为简单。通过技术手段优化能有效地降低成本，一方面，最大限度地优化订房模式，方便来自不同渠道的客商的订房需求，使客人真正享受透明、便捷的服务；另一方面，在减轻了前台、呼叫中心的压力的同时，压缩了销售成本，保证以优惠的价格反馈给消费者。

5. “企业家精神”的人才管理

什么是合格的店长？在7天眼中，是那些把自己真正看作BOSS的人。7天在选择准店长时，首先，会用一套试题来测试对方的企业家精神，包括他的进取心、融合、领导的能力，以及主动精神，对方是否有酒店经验是最后才需要考虑的因素。由于候选人多来自非酒店管理方面的人才，所以会带来更多的消费者需求，信息因此不会僵化。

其次，通过独特的人才培养机制——“7天学院”，对候选店长进行集中培训、反复筛选，最终为7天输送了大量的优秀人才。正是这种与众不同的用人方式，使7天具有足够的人才储备，不用担心店长会跳槽至竞争对手而对7天造成影响。主要原因是店长要适应从自己当家做主，转变成服从上级命令的角色，其过程并不容易，7天借此留住了大批的可用人才。

再次，为了提高7天各分店实力，提升经营业绩，7天分店经常引进人才，同时进行相应的知识管理。为此，7天开发了《7天传奇》虚拟空间，在该空间中，7天各分店可根据自身实际情况，在保证正常经营的前提下，或将本店优秀基层员工输送到其他分店，或利用本店优秀员工为其他分店进行知识及技能的培训，或为其他分店分担一些临时性的工作，整个交易过程采用竞价原则，使用虚拟货币，实现了人才内部高效运转的目的。该平台的出现一方面有效地提升了7天分店的人才流动，以求达到供需平衡；另一方面，通过虚拟英雄榜的排名，实现了员工自我价值的提升。

6. “放”文化，扁平化企业管理

最称得上标新立异的是7天的管理模式。与传统的树形管理架构不同，7天的管理结构是扁平的。7天没有像传统的连锁酒店那样进行树状管理结构，如几家店设一个区域经理，之上再设总监，而是以IT平台构建全国网络，将单店经营划成四条线由总部直接管理，各店长负责进行调配。这样做最直接的好处是人员成本很低，10多家店只需要1个会计，同时防止了由于管理层次多而造成信息传递失真的现象，有效地降低了管理成本，避免了强化官僚体系的出现。

然而，这样的结构似乎削弱了总部对单店的控制力，而7天采用“放”的管理文化则是有效的补充。7天的用人原则就是让每位店长都有充分的权力，可以自主调配各种资源。这种“放羊理论”的做法简单说就是：牧羊人只需将那些掉队的羊给赶上，羊群则会自主挑选最肥美的草地。在行业急剧扩张的时候，这种做法还解决了另外一个问题，即选用店长标准与其他业内竞争者大相径庭，避免了人才的流失。

此外，在“放羊理论”的基础上，7天还创立了“执政官”制度，以加强7天各区域间的协同管理。7天的执行官是由区域内店长兼任，通过区域内全体店长民主选举产生。作为区域连锁店业务的最高负责人，执政官负责提升区域分店的业绩、组织协调区域店长及财务、绩效考核等相关工作，不需要向总部汇报，而是对区域内所有店长的业绩负责。这种做法的好处体现在两个方面。其一，能大大降低管理成本。对于同区域的店长，他们获取消息速度快，掌握信息程度准，任何小的动作执政官都会一清二楚。其二，能有效提升店长的主观能动性。由于这种水平机制，使区域店长间在利益上有所关联。换句话说，大家是一个整体，如果你的业绩好、我的差，可能也会影响你的收入；如果大家的业绩都好，大家的收益会更多。这种横向互助精神与纵向激励制度产生的效力颇见成效。

7. 快乐服务的企业文化

与传统酒店的规范、标准化服务截然不同，7天倡导“用心创造感动”的快乐服务，用发自内心的快乐去服务客人，而非使用死板、僵化的所谓标准。7天的快乐服务无时无刻不贯穿于企业文化中：在团队建设方面，7天讲求的是人人都快乐，倡导员工通过团队合作在达到目标的同时，也享受合作过程中产生的快乐；在酒店环境氛围方面，7天通过“会员笑脸墙”“装饰画”“背景音乐”等一系列的硬件布置，营造“我被快乐包围着”的气息；在顾客服务方面，除了保持规范、标准化服务外，还增加了“参与更快乐”“玩中增快乐”的快乐服务。通过这一系列的会员互动，客人在不知不觉中获得了快乐。

在酒店行业竞争激烈的今天，争相提高服务质量以增加经济效益已成为酒店制胜的法宝。7天通过快乐服务，为酒店服务赋予了全新的内涵。7天所倡导的快乐服务是内在与外在相结合的真情服务，体现出暖、情、快、值的特点，给客人留下难忘的记忆，这是现代服务业一种完美的“共赢”。

8. 创新管理让7天成为佼佼者

经济型酒店被称为“创新型传统行业”，“创新、发展、进化”成为企业长久发展的根本导向。为适应酒店业日益竞争激烈的环境，构建一套适合自身发展的管理模式，已成为众多企业出奇制胜的法宝。作为经济型酒店创新佼佼者的7天，颠覆了行业的传统管理模式，建立起自己的管理体系，独具匠心，成功进行企业的运营，迅速发展成为行业的领导品牌。这套跨越酒店和连锁行业的管理模式，帮助7天以令人难以置信的速度扩张到中国的每一个主要城市，同时在金融危机的冲击下，仍保持90%的高入住率。该创新模式所带来的种种优势和成绩，进一步拉大了与其他酒店的距离，令竞争对手垂涎三尺。

业内人士认为，7天开创的“酒店管理新流派”，无疑也是对传统酒店管理模式有效的补充。这一管理新流派的出现，对于众多企业的发展有着积极的指导意义，认真学习7天的管理模式，将是避免走过多弯路的最佳捷径。

第四节 7天的成本管理与控制

一、7天是如何节省成本的

7天通过每一个细节节省成本，而将真正的服务用到客房中。7天的商务大床房的枕头达到了五星级酒店的标准。

综合而言，7天的核心竞争力在于其将电子商务较早地应用于酒店管理中，并在人才管理机制、成本控制上具备优势。

二、7天是如何进行成本控制的

对消费者来说，选择经济型酒店的首要原因是价格优惠。连锁酒店本身利润低，要顺利发展，就要更好地控制成本。7天的做法被认为"抠门"，比如，一次性生活用品不再配入房间，小窗户设计降低能耗及人工成本，等等。但是，7天并没有为了降低成本而忽视消费者的需求，相反，非常重视消费者最重要的需求。

三、7天价格高1倍的原因

7天认为，客人住酒店除了价格因素外，最看重的是安全、卫生、舒适、便捷。7天的保安系统实施24小时监控。酒店和知名洗衣店合作，提高了卫生标准。床垫选择四星级以上酒店标准，比其他的经济型酒店价格高出1倍。酒店房间里都安装了10秒速热系统，保证了客户用水方便，提高了客户的满意度和忠诚度。

第五节　独特的会员体系管理

7天会员已超过8000万人，是中国经济型酒店中规模最大的会员体系。根据权威数据显示，会员对7天收入的贡献率高达98%。庞大的会员体系大大减少了对第三方代理的依赖，节省了中介代理费用，因此可将更多的利润回馈给顾客。

扩展阅读

凤凰知音会员合作专享

活动期间，知音会员通过7天官网的国航合作卡入口预订并入住，除尊享7天会员优惠房价、预订保留到19:00，退房延迟到13:00，以及免费睡前牛奶的会员权益外，还可获得知音会员专属礼遇。

知音会员专享：

7天77元任你住！

入住每房每晚赠送100里程！

1. 活动时间

2014年2月1日至2014年9月30日。

2. 活动对象

凤凰知音会员。

3. 活动内容

（1）77元任你住。

活动期间，知音会员通过7天官网的国航合作卡页面成功注册（使用二代身份证注册，此前非7天会员），即可获得“77元法宝”一个，即以77元入住指定分店大床房1晚，半年有效。

（2）每房每晚赠送100里程，上不封顶。

活动期间，所有知音会员通过7天官网的国航合作卡入口预订任意房型，成功入住后每房每晚奖励100里程，可帮他人代订，多住多送，上不封顶！

4. 预订方式

知音会员请在此合作页面登录（http：//www.7daysinn.cn/cooperate_67.html），首次登录的会员请先注册（为保证里程的成功赠送，请用你的真实姓名和卡号注册），老用户请点击“登录”，输入知音卡号和自设密码登录后进行预订，如忘记密码，请在7天官网点击“忘记密码”找回。

5. 温馨提示

（1）奖励里程按过夜房晚统计，1间房入住1晚为1间夜，日租房及100元以下特价房不参与累积。

（2）同一会员号可为他人代订，通过指定方式预订成交入住的，一样可获得奖励累积，奖励只累积到预订卡号上。

（3）奖励里程将在2个月内累积到您的“凤凰知音卡”会员账户。请保留好您的消费凭证直至您的里程已被正确累积进您的里程账户为止。

（4）如果您未使用“凤凰知音卡”进行预订，将不能享受里程累积。

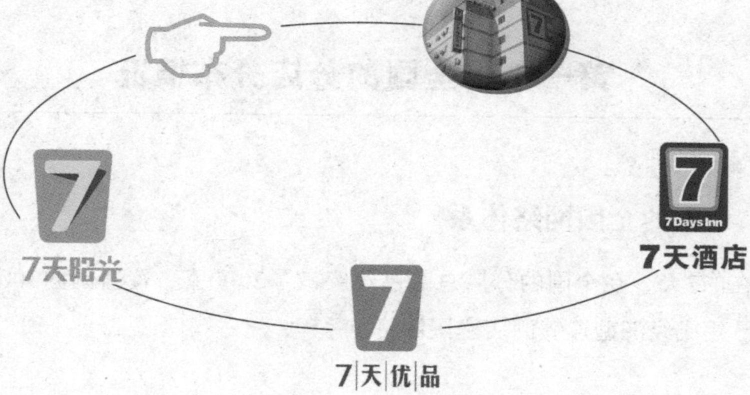

第七章 执着追求，成就了7天的世界梦

导言：

7天的规模早已跃居行业第一，成为国内经济型酒店行业的领头羊。在未来，7天品牌仍将坚持向深度和广度快速发展，预计到2020年，7天将达到5000家连锁酒店的规模，成为中国酒店业举足轻重的品牌。

第一节　全国的分店分布情况

一、7天的全国网络体系

现在的7天，在全国的分店总数已经突破了2000家，覆盖国内300多座主要城市，已建成经济型连锁酒店全国网络体系。

二、7天全国分布情况

7天全国分店具体分布情况如下页表所示。

7天全国分布情况

地区	省份	城市分布情况
华东地区	山东省	济南（44）、青岛（38）、淄博（8）、烟台（7）、滨州（5）、泰安（5）、威海（5）、聊城（4）、临沂（4）、德州（3）、菏泽（3）、莱芜（3）、东营（2）、胶州（2）、蓬莱（2）、日照（2）、寿光（2）、潍坊（2）、邹城（2）、东明（1）、巨野（1）、莱阳（1）、乐陵（1）、梁山（1）、龙口（1）、平度（1）、平阴（1）、青州（1）、曲阜（1）、乳山（1）、枣庄（1）、邹平（1）、兖州（1）、鄄城（1）、滕州（1）
	江苏省	南京（40）、苏州（18）、连云港（6）、宿迁（6）、无锡（6）、昆山（5）、徐州（5）、常州（4）、南通（4）、淮安（3）、泰州（3）、吴江（3）、盐城（3）、扬州（3）、镇江（3）、常熟（2）、启东（2）、太仓（2）、张家港（2）、大丰（1）、丹阳（1）、海安（1）、海门（1）、姜堰（1）、江阴（1）、靖江（1）、泰兴（1）、新沂（1）、兴化（1）、宜兴（1）、溱潼（1）、阜宁（1）
	安徽省	合肥（12）、芜湖（5）、淮北（3）、黄山（3）、宿州（3）、阜阳（2）、安庆（1）、蚌埠（1）、巢湖（1）、池州（1）、滁州（1）、淮南（1）、马鞍山（1）、明光（1）、舒城（1）、亳州（1）
	上海	上海（54）
	浙江省	杭州（29）、宁波（6）、东阳（2）、嘉兴（2）、金华（1）、临安（1）、绍兴（1）、温州（1）、义乌（1）、诸暨（1）
	江西省	南昌（33）、景德镇（4）、赣州（3）、吉安（3）、九江（3）、新余（3）、抚州（2）、萍乡（2）、上饶（2）、宜春（2）、鹰潭（2）、丰城（1）、贵溪（1）、玉山（1）、婺源（1）
	福建省	厦门（26）、福州（10）、泉州（4）、龙岩（3）、晋江（2）、漳州（2）、福鼎（1）、平潭（1）、武夷山（1）

续表

地区	省份	城市分布情况
华南地区	广东省	广州（144）、深圳（75）、佛山（36）、东莞（18）、珠海（14）、汕头（13）、惠州（10）、中山（9）、湛江（8）、韶关（7）、江门（5）、肇庆（5）、梅州（4）、阳江（4）、潮州（3）、河源（3）、揭阳（3）、汕尾（3）、普宁（2）、清远（2）、茂名（1）、四会（1）、仙桥（1）
	广西壮族自治区	南宁（11）、桂林（8）、北海（2）、梧州（2）、防城港（1）、贺州（1）、柳州（1）、钦州（1）、阳朔（1）
	海南省	海口（12）、三亚（11）、琼海（2）、陵水（1）
华中地区	河南省	郑州（25）、洛阳（7）、开封（5）、商丘（4）、焦作（2）、新乡（2）、驻马店（2）、漯河（2）、安阳（1）、济源（1）、平顶山（1）、信阳（1）、许昌（1）、周口（1）
	湖北省	武汉（76）、襄阳（3）、黄冈（2）、宜昌（2）、赤壁（1）、鄂州（1）、黄石（1）、荆门（1）、荆州（1）、十堰（1）、随州（1）、咸宁（1）
	湖南省	长沙（58）、衡阳（10）、株洲（9）、岳阳（7）、郴州（5）、湘潭（5）、常德（4）、张家界（3）、怀化（2）、邵阳（2）、益阳（2）、凤凰（1）、桂阳（1）、衡东（1）、吉首（1）、娄底（1）、永州（1）、耒阳（1）
华北地区	北京	北京（171）
	天津	天津（36）
	河北省	石家庄（14）、邯郸（5）、秦皇岛（4）、三河（4）、保定（2）、邢台（2）、安国（1）、泊头（1）、沧州（1）、固安（1）、衡水（1）、廊坊（1）、迁安（1）、唐山（1）、香河（1）、涿州（1）
	山西省	太原（18）、吕梁（3）、大同（2）、晋城（2）、运城（2）、长治（1）、汾阳（1）、交城（1）、平遥（1）、朔州（1）、忻州（1）、阳泉（1）
	内蒙古	呼和浩特（12）、包头（3）、赤峰（2）、呼伦贝尔（1）、锡林浩特（1）

续表

地区	省份	城市分布情况
东北地区	辽宁省	沈阳（19）、大连（18）、锦州（5）、鞍山（2）、朝阳（2）、葫芦岛（2）、盘锦（2）、丹东（1）、铁岭（1）、营口（1）
	吉林省	长春（12）、吉林（1）、四平（1）、通化（1）
	黑龙江省	哈尔滨（12）、大庆（3）、佳木斯（3）、牡丹江（1）、齐齐哈尔（1）
西北地区	陕西省	西安（41）、宝鸡（2）、咸阳（2）、汉中（1）、榆林（1）
	甘肃省	兰州（10）、定西（1）、敦煌（1）、嘉峪关（1）、平凉（1）、张掖（1）
	青海省	西宁（5）、格尔木（1）
	宁夏回族自治区	银川（7）
	新疆维吾尔自治区	乌鲁木齐（7）、昌吉（1）
西南地区	四川省	成都（67）、泸州（4）、绵阳（3）、自贡（3）、乐山（2）、内江（2）、遂宁（2）、宜宾（2）、巴中（1）、达州（1）、德阳（1）、广安（1）、广汉（1）、广元（1）、九寨沟（1）、眉山（1）、攀枝花（1）、西昌（1）、中江（1）、阆中（1）
	云南省	昆明（10）、丽江（3）、大理（1）、香格里拉（1）
	贵州省	贵阳（37）、遵义（6）、安顺（3）、凯里（2）、六盘水（2）、铜仁（2）、兴义（2）、毕节（1）、都匀（1）
	西藏	拉萨（4）、林芝（1）、日喀则（1）
	重庆	重庆（42）
注意：因为7天的扩张能力很强也很快，所以此表的数据仅供参考，不同时间会有不同变化		

第二节　海外分店分布情况

7天的成功绝非偶然，而是其长期坚持不懈、努力的结果。7天的梦想不仅仅局限于国内，走向国际的舞台是7天的梦想，所以他们一直在执着地追求着。

一、清迈古城7天阳光酒店

已经很成功的7天，它还能做些什么？永为人先。7天率先走出中国国门，踩上泰国清迈的土地，于古城区松德门处，首立经济酒店走出国门新坐标。

2014年12月，7天在海外的第一家分店——7天阳光酒店泰国清迈店（以下简称“7天清迈店”）盛大开业，年轻之风刮过了这座以清新著称的古城。

1. 7天是为清迈点缀的阳光

7天清迈店为来清迈的旅人，提供了一方熟识的感觉，更为清迈人送上中国式的温暖。

7天阳光酒店泰国清迈店

7天清迈店，距离清迈国际机场7000米路程约8分钟车程、火车站23000米路程约40分钟车程，距各旅游景点不超2000米，交通便利，四通八达。无论是商务出行或休闲旅游，中国旅客身在异国，看到熟悉的色彩、熟悉的摆设，心中定会多了一分温暖与踏实；而当地住客，则可在清迈，轻松感受到来自中国7天最诚挚的问候和心意，这是7天清迈店为清迈点缀的阳光。

2. 7天清迈店是跳动在清迈古城的心

7天清迈店有宽敞明亮的大堂，游客可以尽享这一片开阔与轻松；还可坐在7天的专属休闲吧里，品一杯咖啡，偶遇一段浪漫。

年轻正盛的7天清迈店，这一颗快品时尚的心，跳动在美丽的古城。

7天阳光酒店泰国清迈店的大堂

3. 7天清迈店是一个高科技的时尚世界

清迈的7天阳光酒店独有的“微信互动系统”，让“随时勾搭”的社交变得更为畅快。在这里，尽享“酒店里的星尚家庭影院”，随店配置高端臻享音响，这是一场手机与电视的亲密接触，是一个精益求精的高科技时尚世界。

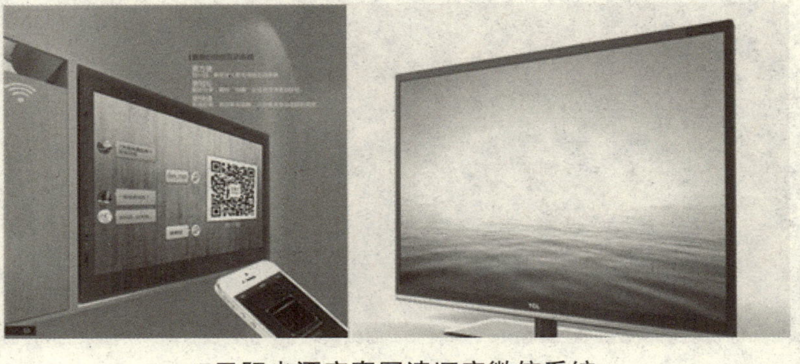

7天阳光酒店泰国清迈店微信系统

4. 7天清迈店为游客带来慢享生活

为了更好地生活，7天清迈店做了精致升级，在保留7天经典元素的基础上，融入泰式风情元素。正如世界上没有两片相同的树叶一样，这里的每个楼层都将带给您独特的体验。卡布隆装饰的门身，色彩斑斓，打开门，别有一番洞天。金莲兰静静绽放在一角，等待着旅途归来的人。

7天阳光酒店泰国清迈店的设计

5．7天清迈店融入了泰式风情元素

7天清迈店在保留7天经典元素的基础上做了精致的提升，并且融入泰式风情元素，颇有异域风味的挂画和地板，给您不一样的7天。

7天阳光酒店泰国清迈店的泰式元素

6．7天清迈店的设计独特

房间里的“自动音乐问候”配上“交叉式阅读灯”，兼具功能与设计，更重视空间层次感与立体感。这是7天专属的独特。既体现了空间的实用性，又在舒张中含蓄、妩媚中安静的氛围里，为每一个来客奉上感性舒适的睡眠空间。这是7天与清迈相恋的结晶。

7天阳光酒店泰国清迈店客房的设计

安睡前，享受“超大热带雨淋”的畅快；美梦里，尽享品质床品怀抱下的温柔与惬意。在陌生城市里最熟悉的角落、熟悉的氛围里有专属清迈的升级与呵护。无论旅途怎样匆忙，来得多么不由自主，7天总有一种力量，以其独有的方式，陪伴着你。7天，贴心温暖，这一片慢享的美好，漫洒在浪漫的小城。

7．7天清迈店诠释了《小城故事》

对比伦敦的古老和文明，纽约的繁华和自由，芭提雅的火辣和热情，清迈显得独特而典雅。这座邓丽君《小城故事》中的小城，兰纳王国的故都，以清新与脱俗的特质，吸引了许多人为之驻足、留恋。

7天阳光酒店泰国清迈店的外景

二、马六甲古城7天酒店

1．7天马六甲店简介

在登陆泰国清迈之后，7天在海外的第二个征程是马六甲。7天马六甲店坐落于马六甲古城区内，蜿蜒的马六甲河穿城而过，熙熙攘攘的鸡场街和久负盛名的荷兰红屋就在不远处。

7天马六甲店的外景

新设的酒店会客厅，大，很大，比更大还更大。

7天马六甲店的走廊

经过酒店走廊，打开房门，就是陌生的城市里那熟悉的角落。

酒店地处马六甲古城中心位置，距离各旅游景点不超2000米，古城内多单行道，无公共汽车，出租车只在商场附近才有，基本以步行和自行车为主。

7天马六甲店的客房

7天马六甲店在保留7天经典元素的基础上做了精致的提升，并且融入马来风情元素，颇有异域风味的挂画和地板，给你不一样的7天。

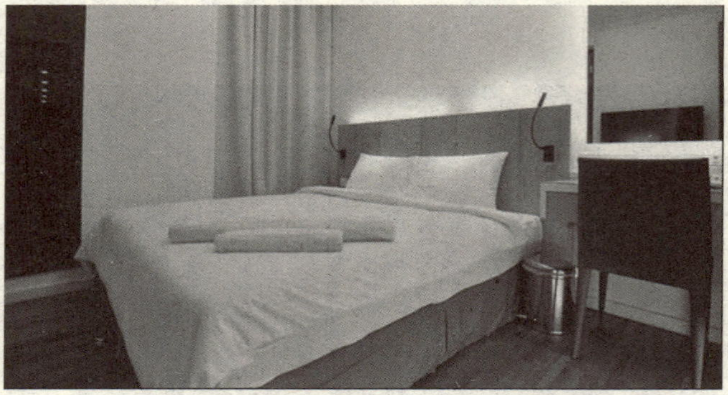

7天马六甲店的客房

似曾相识的室内布置，却又有耳目一新的感觉，源于设施的全面升级。当顾客拖着旅途中的一身疲惫走入酒店，一定会被酒店自然、安静、温暖的氛围所感动。

7天马六甲店的客房

最好的床品，最好的洗浴系统，最好的隔音效果，从“天天睡好觉”，到“年轻的选择”，伴你走过10年的7天马六甲店，对高质量的睡眠环境始终坚持。

2. 继续传播7天品牌文化

7天马六甲店是继7天清迈店后，7天在东南亚成立的第二家店。作为第一家成立于马六甲的7天酒店，7天继续致力于传播自己的品牌文化，把“年轻的选择”理念传播至东南亚的每个角落。

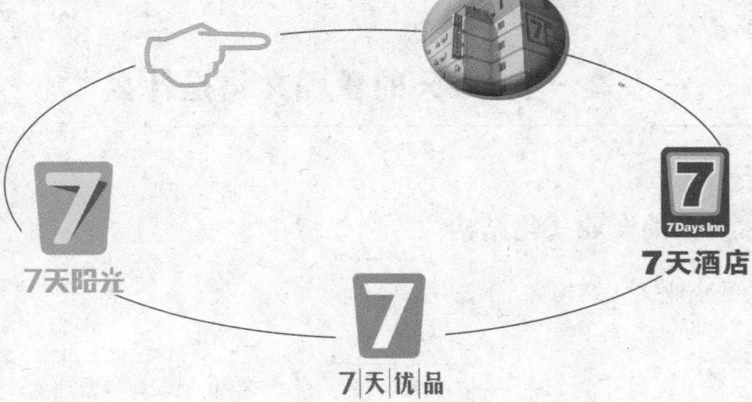

第八章 快乐服务，传递了7天的企业文化

导言：

“快乐文化”是7天积极倡导的企业文化，在扁平化企业管理下，7天开创了区域执政官和公司立法会等创新管理机制，让员工成为公司管理的参与者。7天认为，快乐的情绪是可以相互传递和感染的：有舒畅快乐的工作氛围，才有快乐服务的员工；有快乐服务的员工，才有愉快满意的酒店顾客；有愉快满意的顾客，才有企业的发展。

第一节　7天的管理文化是什么

一、7天的企业文化结构

7天的企业文化结构如下图所示：

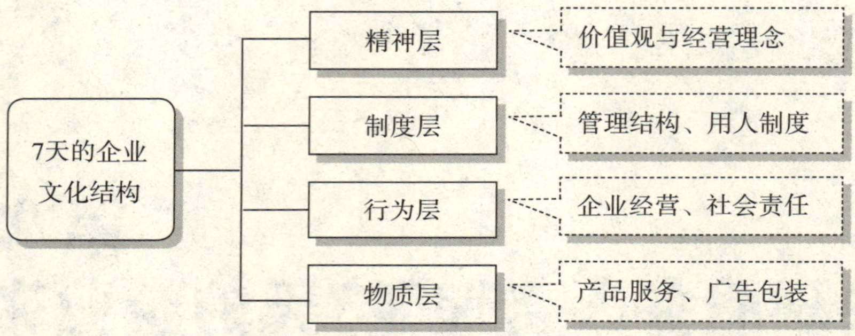

7天的企业文化结构

二、7天管理文化的内涵

7天管理文化的内涵是基于企业核心价值观的管理理念、管理模式及管理行为方式。

三、7天管理文化的核心

7天管理文化的核心是用数字来代表的，叫“3721”体系，具体如下页图所示。

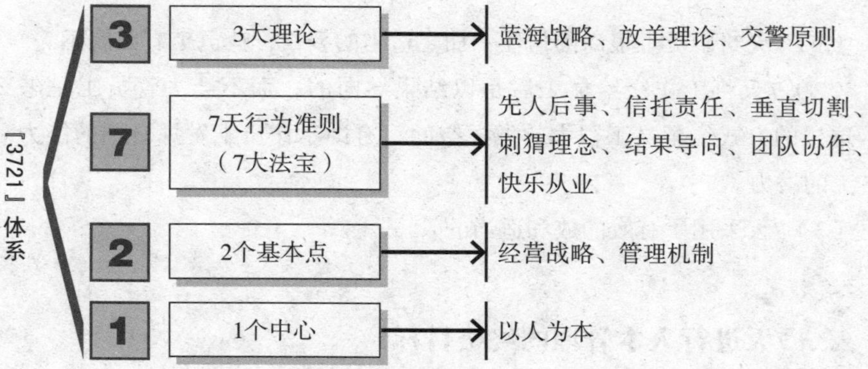

“3721”体系图

第二节　7天只有1个中心：以人为本

一、7天的用人原则是因材施岗

1．挑选“合适的人”

知识和技能是可以教会的，而像诸如性格、职业道德、基本智商及其他的价值观等却已经根深蒂固，很难改变。所以，7天的用人原则有下图所示的三大要求：

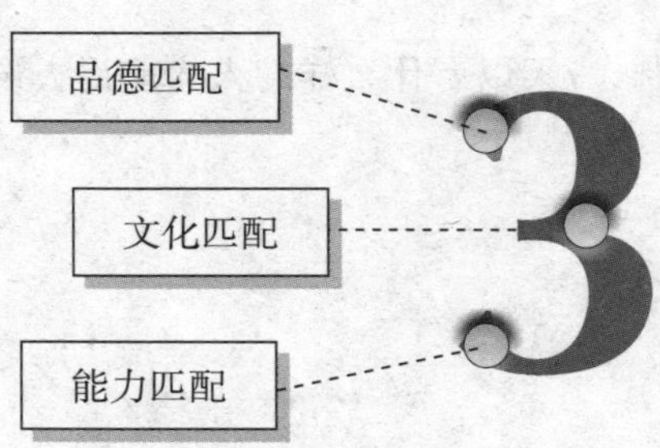

7天的用人原则

2. 7天对员工的管理方式

（1）7天给予员工很高的信任，加之适当的授权，让员工有归属感。

（2）7天将工作交给员工后是以结果导向的，而不会去管员工是怎么做的，这样的方式给了员工很大的发挥空间，有助于让员工发挥自己的能力和挖掘员工的潜力。

（3）7天采用了有效的放和适当的管。

二、7天进行人本管理的终极目标

7天进行人本管理的终极目标是“无为而治”。无为而治源自《道德经》，是道家的基本思想，也是其修行的基本方法。老子认为，“我无为，而民自化；我好静，而民自正；我无事，而民自富；我无欲，而民自朴”，而且一再强调无为才能无不为，所以无为而治并不是什么也不做，而是要靠万民自我实现无为无不为。所以，7天的成功靠的就是无为而治的管理理念。

第三节　7天的2个基本点是什么

7天的两个基本点是：经营战略、管理机制。

（1）对于经营战略，7天是用合适的人来实现，并且有良好的管理机制的保障。

（2）对于管理机制，7天以有什么样的人为前提去设立管理机制。

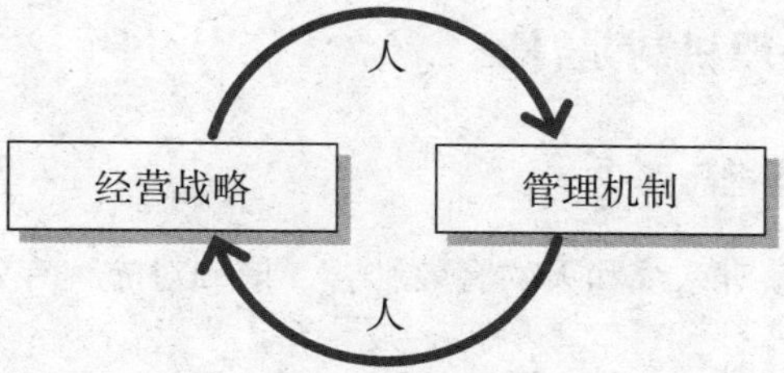

7天的2个基本点

一、7天的经营战略是什么

1．7天的战略思维是什么

7天的战略思维是指以低成本、用创造性的方式满足顾客的最核心需求。这也是7天所谓的“蓝海战略”。

2．怎样去进行战略实现

7天的战略实现宗旨是：只做自己有热情去做、能做到最优秀并能驱动公司经济引擎的事。7天的战略实现宗旨如下图所示。

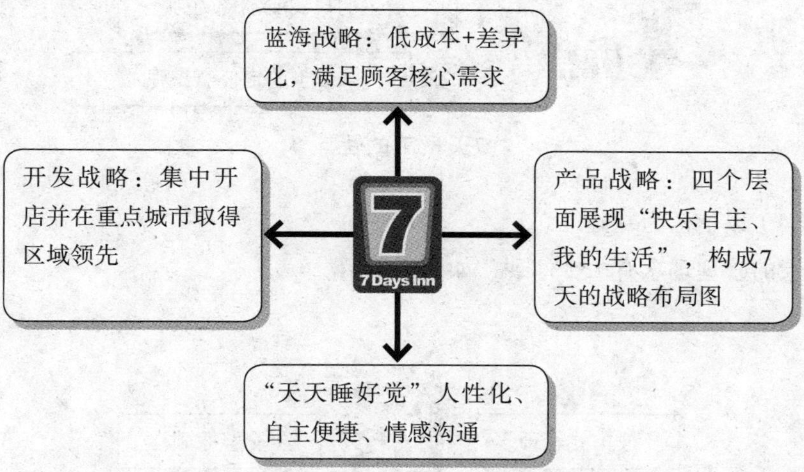

7天的战略实现宗旨

二、7天的管理机制是什么

1．7天的基本管理思路

管理更多地依赖对系统和人的有效结合，依赖对流程有效性的维护和调整。

2．关键措施

（1）7天采用了有效的放与适当的管。

（2）理性机制，保证开放和平衡。

3．有效的放，适当的管

（1）有效的放：明确方向与目标，不干涉日常工作。

（2）适当的管：结果导向，对问题对象（落后者、偏离方向者、不适合者等）及时做调整处理。

（3）对于“合适的人”，7天的员工有下图所示的优点。

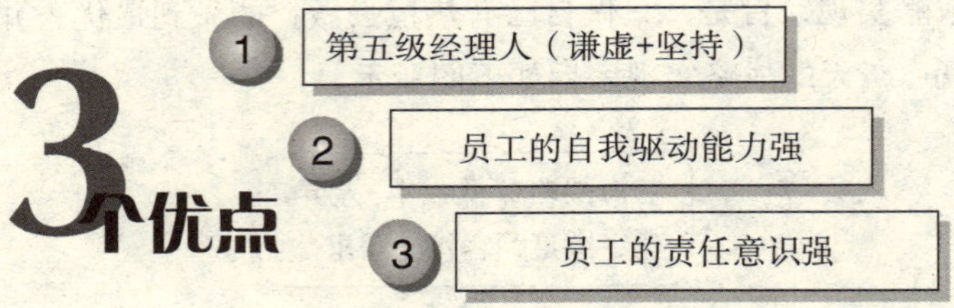

7天员工的优点

（4）以信任为基础。

7天的管理理念有两个体现，如下图所示。

7天管理理念的两个体现

4．理性机制，保证开放和平衡

（1）7天一直秉承人的作用建立在系统之上，不能够用品格的伟大来制定公司机制。

（2）机制和流程：保证公司不容易偏离轨道。

（3）公开和平衡：更加容易促发“纠错行动”。

（4）单向的权力：自上而下，短期效率会更高，但是容易犯主观的错误，形成山头。

（5）不公开的没有制衡的系统和流程容易产生各种腐败。

（6）公开能够减少为了解决问题而设置的很多检查流程。

（7）管理的核心，或者说管理的目的，是持续追求更高的投入产出比。

第四节　7天的3大理论是什么

7天3大理论是：放羊理论、交警原则、蓝海战略。

（1）放羊理论、交警原则是典型地体现“有效的放、适当的管”思想的管理模式。

（2）蓝海战略是7天的基本战略。

一、7天的放羊理论是什么

1．牧羊人的放羊现象

一个牧羊人，带着一只牧羊犬，可以放100只羊，甚至几百只羊。这是为什么呢？其具体表现如下页表所示。

牧羊人的放羊现象

序号	角色	放羊现象
1	牧羊人	指引大方向（水草茂盛的地带）
2	牧羊犬	守护羊群，忠诚方向（头羊），惩处问题羊（落后羊、病羊等）
3	领头羊	标兵作用，引领方向，利益最大
4	落后羊	督导对象
5	病羊	淘汰对象
6	羊群	大多数的从众者（自我驱动）

2. “放羊理论”的内涵

在企业设定了统一价值目标的基础上，如果选择了自愿前进的“羊”，同时有“牧羊犬”的监督，“羊”就可以不通过控制和指令，自主同一地向“水草茂盛的地带”行进。

（1）统一的目标：首先要对企业的目标、前进的方向有共识。

（2）自愿前进的“羊”：“放羊理论”以“合适的人”（统一价值观、自我驱动、责任意识）为前提。

（3）信息透明、沟通和信任：“放”的管理模式，需要通过信息透明的机制来建立互信的基础。

3. “放羊理论”中的角色定位

7天对于“放羊理论”中的角色定位如下表所示。

7天对于“放羊理论”中的角色定位

“放羊”剧本中的角色	企业中的对应角色	具体职能
牧羊人	高层管理人员	指引公司前进的大方向

续表

“放羊”剧本中的角色	企业中的对应角色	具体职能
牧羊犬	监控与支持体系	通过激励优秀的领头人维持大方向，惩处问题对象（落后者、不合适者），为整个群体提供专业支持
领头羊	优秀者	引领群体迈向正确的大方向
落后羊	落后者	落后于群体，通过督导跟上大部队
病羊	不合适者	淘汰对象，以免影响整个群体的前进
羊群	大多数的从众者	主动向优秀者学习，自愿跟随领头者前进

二、7天的交警原则

1. 一个交警如何保证络绎不绝的车辆与行人顺畅通过十字路口

（1）设置与管理道路交通标志、标线（斑马线、双黄线）等安全设施，确定交通规则。

（2）通过交通安全教育，让人们了解这些规则。

（3）红绿灯自动控制四个方向的车辆与人的前进。

（4）交警通过现场监督、摄像头、巡逻等方式发现犯错误、违反规则的人与车，对这些错误对象给予一定的处罚并通过教育纠正其错误行为。

（5）交警的“管”主要体现在设置道路交通标志、标线（设定规则），交通法规教育（规则培训），发现闯红绿灯等违规行为，给予处罚并纠正错误（发现违反规则的问题对象，给予处理并纠正错误行为）等方面。

2. 7天像交警一样管理企业

“交警”预先设定“道路交通标志、标线”，制定规则，通过“交通法规教育”，培训正确方法，借助“巡查、摄像头”等手段发现违反规则的问题对象，对其进行惩处与纠偏，正常情况下依靠“红绿灯”的公开、透明、制衡的机制自动引导正确行为，交警不干涉“行人与车辆”的正常行为。7天交警原则有如下页表所示。

7天的交警原则

序号	交警管理	企业管理
1	交警	所有管理支持人员
2	道路交通标志、标线等安全设施	规则
3	交通法规教育	培训，指引正确方法
4	红绿灯	公开、透明、制衡的理性机制，自动引导员工的正确行为
5	通过巡查及摄像头等手段	暗访、经营数据分析发现问题对象，给予惩罚并纠正错误行为

三、7天的蓝海战略

在资源有限的情况下，如何获得最大优势？比别人更好？唯有集中优势资源，关注顾客的最核心需求，才能够实现最有效的突破。

1．什么是蓝海战略

关注不同细分市场顾客的共同核心需求（最重要的顾客价值要素），舍弃一些意义不大的设备和服务，集中资源，以低成本，用创新手段最大化满足顾客的核心需求。

低成本+差异化=价值创新

2．获得成本的四个核心

为了能同时获得差异化和低成本，下图所示的四个核心问题至关重要：

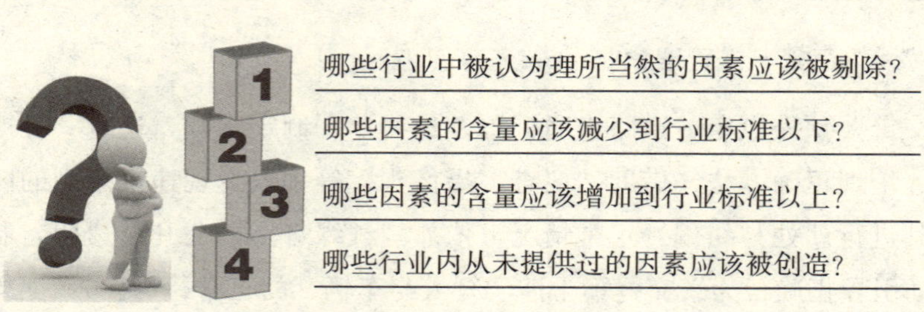

获得差异化和低成本的四个核心问题

3. 7天的蓝海战略框架

7天的蓝海战略框架如下表所示。

7天的蓝海战略框架

剔除	增加
前卫、豪华、个性化	人性化、环保、连锁网络、快乐服务
减少	创造
价格、配套设施	IT/互联网、会员体系、自主便捷

第五节　7天的行为准则

7天有7大法宝：

7天的7大法宝

（1）先人后事是7天管理文化的基础。

（2）信托责任是7天“合适的人”必备的品质。

（3）垂直切割和刺猬理念是7天经营与管理行为的指导思想。

（4）结果导向是合适的人做专注的事产生的后果。

（5）团队协作是个体结果到团队结果。

（6）快乐从业是7天管理人的追求。

一、先人后事的标准

7天采用先人后事的标准是为了挑选“合适的人”。因为7天的管理层认为，知识和技能是可以教会的，而像诸如性格、职业道德、基本智商及其他的价值观等却已经根深蒂固，很难改变。

二、7天对员工采取了哪些信托责任

7天基于“合适的人”郑重委托了责任：

（1）7天的信托责任基于契约精神。

（2）7天的信托责任绝对高于契约精神。

（3）“合适的人”会主动承担信托责任。

三、垂直切割在7天的应用

集中资源做好核心价值元素的部分，具体如下图所示。

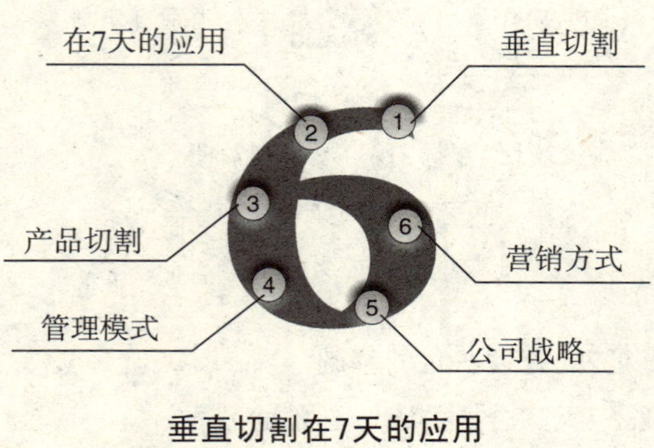

垂直切割在7天的应用

四、7天的刺猬理念

1．在7天什么是“正确的事”

（1）你能在哪方面做到“世界上最优秀”？

（2）你对什么充满热情？

（3）是什么驱动你的经济引擎？

（4）集中资源与精力，坚持只做“正确的事”。

2．员工职业生涯版“刺猬理念”

（1）你最擅长什么？在哪方面你可能成为最好的？（“我觉得我天生就是干这个的！”）

（2）你对什么充满激情？什么是你最感兴趣的？（“我恨不得每天24小时都做这工作，我太爱它了！”）

（3）从事什么工作你能获得丰厚报酬？

五、7天只注重结果导向

1．目标导向

（1）首先要明确目标，结果的好坏以是否完成目标为标准。

（2）目标集中，优化效率。

2．所有人都只对结果负责

7天的管理，要求员工面对结果时，没有理由和借口。

3．思维集中在目标结果上

（1）简化流程，减少环节，面向结果。

（2）主要关注：如何获得最好的结果？

（3）不要去考虑主要责任、次要责任的问题，只要结果跟你有关，就要负责。

六、7天对团队协作的要求

（1）7天一直强调以团队协作为基础。

（2）合适的人会主动关注并协助他人。

（3）强调多跨出半步，实现无缝对接。

七、7天对员工的宗旨是快乐从业

7天为实现员工快乐从业做了什么？总结起来有以下几点：

（1）倾听“民声”，维护“民权”。7天专门为员工成立了“7天立法会”、分配机制、员工访谈、投诉渠道。

（2）无障碍的沟通机制，畅通的信息传递渠道。7天对eip、邮件、论坛没有限制性，而是采用了开放性的态度。尤其是管理层与店长、管理层与员工之间，是可以直接沟通的。

（3）以信任为基础，倡导积极、主动的工作作风，让每个人都能充分施展才华。

（4）放羊式管理，自主决策采用自主、开放、快乐、“民权”的方式。这是7天的企业氛围，是管理的“语言”。

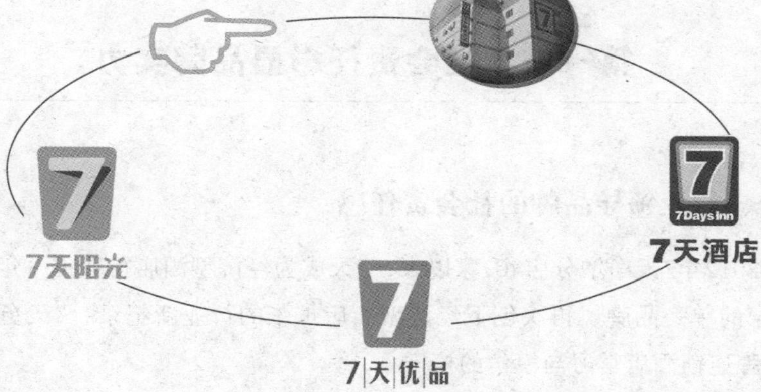

第九章
乐于奉献，体现了7天的社会责任

导言：

近年来，7天联合会员持续关注儿童公益事业，开创了企业公益新模式。作为公益事业的发起者与传播者，7天结合企业自身的优势和特点，提供给大众亲身参与公益事业的机会和平台，带动更多的人参与到公益行动中来。

第一节　社会责任彰显品牌实力

一、行业领导品牌的社会责任感

自2012年7天净增分店401家以来，7天成为经济型酒店行业唯一一年开店数突破400家的单一品牌，再次创下经济型酒店扩张的行业新纪录，7天更成为众多中小品牌连锁酒店学习与模仿的榜样。

作为经济型连锁酒店的行业领导品牌，7天不仅分店在分布上领先，同时在产品及服务上也做到领先，让旅客“天天睡好觉”。但相较于自身的发展，7天更重视作为行业领导品牌的社会责任感的领导示范地位。

作为具有高度社会责任感的企业，7天自2005年就持续参与社会公益活动。自2009年援建第一所7天彩虹希望小学以来，7天在云南、陕西、宁夏、内蒙古、广西援建落成了9所7天彩虹希望小学，让2000多名农村孩子能够坐进安全明亮的新教室上课。

二、企业应成为公益事业的发起者和传播者

在这一系列的公益活动中，7天已不仅仅是一家支持公益活动的企业，其同时也成了公益理念的传播者，并以自身实践为企业参与公益事业树立了一种全新的公益模式——企业应成为公益事业的发起者与传播者。其结合企业自身的经营优势和特点，提供给大众亲身参与公益的机会和平台，带动更多的人参与到公益行动中来。

据介绍，7天一直专注于对社会弱势儿童的公益支持，除了每年援建至少2所新的7天彩虹希望小学以外，已经连续四年爱心支持广东省留守儿童夏令营活动，并在广东梅州建立了为当地留守儿童提供服务的“希望家园”，让当地留守儿童得到援助并感受到家的温暖。

7天CEO林粤舟表示，关爱儿童、支持社会公益事业，是每一个有良心、有社会责任感的企业应尽的义务，未来，7天还将持续在公益领域不断进行新的探索，点亮更多农村儿童的未来。

第二节　7天会员与志愿者

一、会员参与，爱心助力放飞希望

与大多数企业对希望小学单纯捐款捐物的传统援建模式不同，7天充分利用自身分店分布广泛以及业内规模最大的会员体系优势，以7天彩虹希望小学为纽带，将7天员工、7天会员、希望小学以及学校的孩子们都紧密联系到了一起。

为了发动更多的会员亲身参与希望小学公益活动，从援建第一所学校开始，在每所7天彩虹希望小学建成后，7天都会在官网发起“捐积分，献爱心”活动，号召7000万7天会员捐献积分，并将这些积分兑换成孩子们需要的文体用品，然后组织爱心会员探访团前往希望小学参与落成仪式，将这些爱心用品亲手送到孩子们的手中。

与此同时，从2012年元旦开始，7天又连续两年在会员中发起了针对希望小学在校学生的“小小心愿盼你实现”新年心愿认领行动——7天会先把收集到的孩子的愿望在官网活动专页公布，经会员认领并准备好孩子们盼望的新年礼物后，由7天在元旦前夕组织爱心会员代表组成圆梦探访团把礼物亲自送给孩子们。

因为有着如此持续的会员探访及爱心助学公益活动，7天和援建的希望小学一直保持着紧密的联系，这让广大的7天员工和爱心会员不再是单纯的旁观者，而是成了活动的组织者和执行者。他们深度参与，去了解和探访当地孩子的生活学习情况，去认识和参与对希望小学以及山区儿童的扶持，不少爱心会员表示：“在捐赠积分和探访当地孩子的过程中，我深切体会到投身公益事业后，用自身力量帮助别人的快乐和温暖；也感动于7天在公益事业上的坚持。”

经过几年的积累，目前，7天已经建成了一支由历届爱心会员和员工组成的、非常活跃的公益志愿者队伍。

二、公众力量，持续关注儿童公益

伴随着7天彩虹希望小学系列活动的深入参与，越来越多的7天会员、员工对公益活动的热情与主动性得到了激发，成了志同道合的朋友。4年来，在7天组织的公益活动的基础上，7天员工和会员自发组织了多次针对希望小学的特别行动：

（1）2011年，7天部分员工和爱心会员代表发起了针对7天彩虹希望小学的助学计划，积极倡导和组织7天员工和会员自愿为家庭特别困难的孩子筹措学费，每个收到捐助的孩子，每个学期都会收到认捐人的500元学费。3年来，已经募集了近30万元助学款，让近300名孩子受益。目前，这一助学计划正得到越来越多的7天员工和会员的支持和参与，被资助和受益的孩子正不断增加。

（2）2012年，7天爱心会员代表在对云南腾冲的两所7天彩虹希望小学进行探访之后，了解到当地孩子缺少字典，于是发起了“一人一本”活动，在短时间内募集到了300多本正版的《新华字典》，供孩子们使用。

（3）在2013年的“小小心愿盼你实现”新年心愿认领行动中，7天的爱心会员代表在活动之外，另外筹集资金为7天彩虹希望小学的孩子们制作了几百个书包，圆了孩子们拥有一个新书包的心愿。

扩展阅读

奔跑吧爱心：新一任彩虹大使就是你！

看过很多风景，却依然无法留住你的心？

那就一起去看看广西7天彩虹小学孩子们纯真的笑脸吧！

亲爱的铂涛会员们，由铂涛集团援建的第9所7天彩虹希望小学即将在广西进行落成仪式，你想来一场说做就做的爱心公益活动吗？你想亲赴广西桂平市与孩子们亲密接触吗？

来吧，报名通道现已开启！

请在此页下面进行跟帖留言“我要报名+你的居住城市”（报名截止日期：1月31日），小编会在报名的会员中随机抽取3～4名幸运儿，一起亲赴广西参加7天彩虹希望小学落成仪式，并亲手为孩子们送上礼物！（此次活动将于2015年3月举行，具体日期请以铂涛集团官方公布日期为准）

这是一场以爱为名的纯粹公益活动，因此我们倡导：参与活动的会员均以自费的形式进行，在纯粹爱心力量的驱动下，让公益行动变成一件快乐的事情！

目前，“捐积分，献爱心”活动正在火爆进行中，只要捐出你的会员积分，我们就会将其兑换成书籍、文具等新年礼物，由彩虹大使送到孩子们的手中！

扩展阅读

7天引领新年公益活动“私人定制”模式

“我希望有一个奥特曼的书包”“我希望有一双运动鞋”“我希望有一件过冬的棉袄”……这是一群来自云南边远山区小朋友亲手写下的新年愿望。2014

年新年来临之际，铂涛酒店集团旗下的7天组织发起了一场名为“小小心愿盼你实现”山区孩子新年心愿认领行动。借助企业和社会的力量，帮助云南腾冲芒棒乡、明光乡两所7天彩虹希望小学的孩子们实现新年心愿，点亮希望，共筑彩虹。

1. 传递爱心正能量，助力孩子实现愿望

每年秋天，7天便搜集来自边远山区孩子们的新年愿望，并把这些愿望公布在7天官网上，由7天的爱心会员及员工认领，帮助他们实现这些愿望。2014年，7天选择了云南腾冲的芒棒乡以及明光乡的两所7天彩虹希望小学进行第三届“小小心愿盼你实现”山区孩子新年心愿认领行动。孩子们的愿望都很朴素与单纯，不少孩子只是想在寒冷的冬天有一件暖和的衣服，或一双新鞋子，或是一个书包……但，即使是这些小愿望，却依旧能成为他们心中的渴望。7天所举办的新年心愿认领行动，创造了一个畅通的渠道，凝聚8000万7天会员以及员工的力量，得以为超过250名山区孩童送上自己的爱心与支持。

7天的公益广告

2014年12月30日，7天捐赠会员中随机抽选的爱心大使及爱心员工代表，带着天南地北的会员们捐赠的礼物，亲赴云南腾冲芒棒乡、明光乡的两所小学，同行的还有云南省腾冲县委县政府、团委等领导，以及当地青基会负责人。大家把孩子们想要的文具、衣物、运动器材等新年礼物，分别交到每个许下愿望的孩子们手上。与此同时，爱心大使们带去了各地的土特产，介绍自己的家乡美食和景点，邀请小朋友们前去做客。活动现场，无论是爱心大使还是同学们，每个人的脸上都洋溢着快乐的笑容。

2. 私人定制模式，放飞希望传递温暖

这已经是自2011年以来，7天连续第六年举办“小小心愿盼你实现”的新年心愿认领行动。自2005年成立以来，7天一直致力于公益，积极响应国家政策，关爱儿童教育。7天先后在云南、陕西、宁夏、内蒙古、广西援建落成了8所7天彩虹希望小学，让2000多名农村孩子告别了岌岌可危的旧教室，坐进了安全明亮的新教室。

与大多数企业对希望小学单纯捐款捐物的援建模式不同，7天充分利用了自身分店分布广泛以及业内规模最大的会员体系的优势，以7天彩虹希望小学为纽带，将7天员工、7天会员、山区学校以及学校的孩子们都紧密联系到了一起。

此外，新年心愿认领行动还充分尊重山区孩子们自己的意见和想法：孩子们许下的愿望只要是合理且力所能及的，7天会员以及7天员工都会尽力满足——这实现了新年礼物的“私人定制”，让孩子们体验到梦想成真那一刻最本真的快乐！

相比于统一购买礼品，根据每个孩子的不同心愿来准备礼物，无疑会增加一定工作量以及工作难度，但在“满足孩子心愿”的同时，7天的爱心会员与爱心员工也乐在其中：不少会员除了认领孩子的愿望，还额外寄送了其他礼品；不少会员在包裹中夹上给孩子们新年问候、加油的信件，并且和孩子们建立起长期爱心支援的关系。至于7天员工，更是在完成自身工作之余加班核对各种礼品信息，努力保证每一件礼品都能送到对应的孩子手中。

经过3年的努力，“小小心愿盼你实现”新年心愿认领行动已经成为7天彩虹希望小学、当地团委青基会、7天爱心会员以及7天员工一个固定的新年活动。大家在辞旧迎新之际共献爱心，通力合作，在帮助孩子的同时，也让公益为更多的人所知晓与参与。

7天相关负责人表示：未来，7天仍将专注于对边远农村希望小学建设的持续关注与投入，继续以7天为平台，努力结合自身特点，不断创新公益新模式，以吸引更多的人士加入到公益队伍中。

扩展阅读

7天开创企业公益新模式

在2013年9月新学年开学之际，由铂涛酒店集团旗下的7天组织发起、广大7天会员踊跃参与援建的第六所、第七所7天彩虹希望小学，分别在宁夏同心县王团镇与内蒙古达茂旗宝石镇投入使用。

1. 对第一所7天彩虹希望小学进行爱心探访活动

作为7天员工与7天会员的爱心传统，每所7天彩虹希望小学落成时都会举办的爱心探访活动亦如期走进了这两所希望小学。本次活动一如既往地得到了广大7天会员和7天全国分店员工的大力支持。在落成仪式现场，各式爱心礼物和学习用品均由公开招募的7天彩虹大使亲手送到孩子们的手中。除此之外，活动当日还进行了学生家庭探访、英语趣味课程等一系列丰富多彩的互动活动。

9月9日，宁夏7天彩虹希望小学落成仪式现场

9月13日，内蒙古7天彩虹希望小学落成仪式现场

2. 4年坚持，7所彩虹小学落成

近年来，中国的农村在校儿童数量已经达到近亿人。尽管教育需求巨大，但农村学校数量和容量却非常有限，教学环境也跟不上时代的步伐，特别是在中西部自然灾害多发地区，大量学校校舍还是危房，农村学校硬件设施有待进一步修缮和提升。

7天作为一家具有高度社会责任感的企业，自2005年成立以来就多次支持和参与社会公益项目。针对国内农村基础教育所面临的上学难问题，以2009年援建第一所7天彩虹希望小学为起点，7天持续展开对边远农村希望小学的建设与投入。4年时间，7天就已经在云南、陕西、宁夏、内蒙古援建落成了7所7天彩虹希望小学，让近2000名农村孩子告别了岌岌可危的旧教室，坐进了安全明亮的新教室。

扩展阅读

为山区孩子圆新年心愿，7天发起会员公益活动

2011年岁末，为了给贫困山区的孩子带去新年的祝福和关怀，7天加盟店在会员中发起“小小心愿盼你实现——山区孩子新年心愿认领行动”。据了解，参与此次活动的100个孩子，均来自云南腾冲和陕西商洛山区的贫困家庭，同时也是由7天会员爱心捐建的4所彩虹希望小学的孩子。在学校老师收集了孩子们的新年心愿之后，7天在会员中发起了此次“心愿认领”活动，号召会员们为孩子们献爱心，满足他们小小的新年心愿。本活动在7天官网上线后在会员中引起了热烈反响，不到一天就有几十个心愿被爱心会员认领。

7天在会员中发起了“小小心愿盼你实现——山区孩子新年心愿认领行动”

“我家离学校很远，我在学校住宿，家里穷，父母也很辛苦，周末回家，我要帮妈妈打猪草，我是个听话的孩子，冬天来了，我想有件棉衣。”这是陕西洛南栗西口小学二年级的顾莹小朋友的新年愿望。从孩子们的愿望可以看出，贫困山区的孩子在物质上还非常缺乏，很多孩子的愿望不外是冬天保暖的棉衣、棉鞋，深知求学不易的孩子们最希望得到的，也不过是一个新书包、一副球拍而已。7天爱心会员刘汉斌是第四次参与由7天发起的爱心助学活动，此次他认领的

孩子的新年心愿是一个篮球。他号召7天会员："我们在一个国度，都是爸爸妈妈的孩子，因为地域的差别让这些孩子比他们的同龄人更成熟。但也可以因为你我的一点帮助，就给这些孩子带来更多快乐！行动起来吧，朋友们！"真诚朴素的号召，让更多的爱心会员踊跃参与其中。据悉，除了100个困难孩子的新年心愿，活动还特设了"爱心池"，让7天会员还可以继续为其他孩子送出礼物，并有机会成为爱心大使，在新年来临之际亲赴云南及陕西，将礼物送到孩子手中。

7天自成立以来，持续关注社会公益事业，积极参与关怀弱势儿童的活动，并发动广大会员参与，在会员中形成了助学献爱心的风潮，也让企业和会员达成了良好的公益互动。除了每年持续捐建2所7天彩虹希望小学外，7天还在"春暖基金"秦皇岛孤儿院孩子"圆梦北京"活动、广东团省委留守儿童家庭夏令营等活动中，为公益组织提供帮助。7天相关负责人表示，关爱弱势儿童、支持社会公益事业，是每一个有良心、有社会责任感的企业应尽的义务，7天将继续与会员一起，深入参与积极推动更多的社会公益活动。

扩展阅读

腾冲县芒棒乡7天彩虹希望小学正式落成

腾冲县芒棒乡7天彩虹希望小学

2010年4月12日，由“7天会”组织发起广大7天会员踊跃参与援建的云南腾冲县芒棒乡7天彩虹希望小学正式落成。云南芒棒乡乡长、腾冲县团委书记、7天彩虹希望小学校长以及7天相关领导出席了落成仪式并发言。3位充满爱心的彩虹大使共同见证了此次盛会，并代表所有爱心会员向学校赠送大量图书和文体用品，充实学生们的课余文化生活。

7天彩虹希望小学位于云南腾冲县芒棒乡老桥头村，新教学楼占地约442平方米，共3层6个教室和1个多媒体教室，每个年级有1个班，目前共有学生143人，教师8名，极大地提高了学校的教学质量。

在落成仪式上，芒棒乡乡长对7天的捐赠行为给予了高度评价，同时他也呼吁全社会携起手来共同为农村，特别是偏远地区的孩子打造希望的摇篮，让教育的资源惠及每一位孩子。

活动期间，7天在官网论坛上开通了“彩虹大使爱心之旅微博”，3位彩虹大使通过微博实时分享此次爱心之旅的所见、所闻和所想。彩虹大使们在微博中表示：“在7天彩虹希望小学我们看到了崭新的教学楼，明亮的教室，洁白的7天被子。每个孩子都用真诚的眼神看着我们，我眼睛湿润了，红领巾扎到脖子时眼睛红了。在这里，我看到了村民的笑容和对知识的期待，我会一直支持7天公益事业。希望7天能一直做下去，希望我们1000万会员也能献出更多的爱心！”

扩展阅读》

宁夏同心县王团镇7天彩虹希望小学

2013年9月9日，同心县王团镇7天彩虹希望小学校园内彩旗飞扬、充满了节日的气氛。上午10时，同心县王团镇7天彩虹希望小学落成仪式隆重举行。宁夏青基会秘书长刘升祥，同心县委常委、组织部部长马廷云，7天集团高级总监何姣媛、社会责任部经理闵捷等出席仪式。仪式由同心县团委书记李耀贵主持。

7天集团向宁夏希望工程捐款

仪式上，7天集团向宁夏希望工程捐赠30万元建校款，并向希望小学全体学生赠送了学习用品。刘升祥、马廷云分别与7天集团爱心彩虹大使为希望小学揭牌、揭碑。

刘升祥与7天集团爱心彩虹大使为希望小学揭碑

7天在全国的分店总数已经突破2000家，覆盖国内300座主要城市，建成了经济型连锁酒店全国网络体系。7天集团在全国已援建7所7天彩虹希望小学，其中在宁夏区援建2所，资助额达60万元。

7天集团向希望小学全体学生赠送学习用品

附录01

7天创始人郑南雁

1. 郑南雁的个人简介

郑南雁先生现任铂涛酒店集团联席董事长兼首席品牌建构师。郑先生毕业于中山大学计算机系，拥有中山大学岭南（大学）学院EMBA学位，法国里昂高等商学院和中山大学岭南（大学）学院携手合办的国际DBA项目（工商管理博士学位）。1991年，进入广东省经贸委计算中心。1993年，创办劳业电脑软件公司，主攻酒店管理软件，开发千里马酒店管理系统。2000年，加盟携程旅行网，先后任职副总裁兼华南区总经理，市场营销副总裁，主管全国的市场营销。2005年，获得风险投资，创办7天，任首席执行官（CEO）。

2013年，郑先生联合著名企业家、投资家、原7天主要股东何伯权，以及著名投资机构凯雷集团、红杉资本，创办国内多品牌酒店集团“铂涛酒店集团”，担任集团联席董事长兼首席品牌建构师。郑先生曾相继荣获“中国酒店业最佳创新人物”“赢在未来·商界领军人物”“中国饭店业十大影响力人物”等荣誉称号。

2. 郑南雁的荣誉奖项大汇总

郑南雁的荣誉奖项大汇总

年份	荣誉奖项
2007年	2007年2月，荣获“中国酒店业最佳创新人物”
2008年	2008年4月，在《饭店现代化》杂志举办的“2007中国饭店业年度十大人物”评选活动中，获得“2007中国饭店业年度十大人物”称号
	2008年12月21日，由东方人物周刊、《参考消息·北京参考》、北京电视台经济频道、新浪网共同发起，并联合全国数十家主流媒体隆重推出的“谁将影响下一个30年——赢在未来·商界领军人物”大型推选活动中，获得“赢在未来·商界领军人物”称号，并成为唯一一位获奖的酒店行业CEO

续表

年份	荣誉奖项
2008年	2008年11月18日由广东省商业经济学会、第一商业网等联合举办的“粤商风云三十年盛典”在广州隆重举行，郑南雁获得“广东商业三十年——优秀人物”称号
2009年	2009年2月26日，由《时代周报》和中国市场学会共同举办的“首届营销盛典”，通过评选十大时代营销事件和十大时代营销人物，寻找逆市突围的营销标杆！郑南雁以其独特创新的营销理念获得了“十大时代营销人物”称号，成为唯一一位获得该殊荣的酒店业人士
	2009年4月，荣获“首届营销盛典‘十大时代营销人物’”
	2009年6月，在“中国饭店业辉煌60年的评选活动”中，荣获“中国饭店业辉煌60年‘金五星荣誉证章·中国饭店业十大风云人物’”之一
2010年	2010年5月，在“2009年度广东商业风云人物”评选活动中，荣获“2009年度广东商业风云人物”称号
2011年	2011年3月18日，当选为第六届“中国酒店业十大年度人物”
2012年	2012年1月，在“2011粤商精英年度人物颁奖典礼暨广东青年企业家新春联谊会”评选活动中，获“2011粤商精英年度人物提名奖”荣誉称号
	2012年6月，在“第九届‘中国酒店金枕头奖’”评选活动中，当选“2012年度中国酒店行业领袖人物”
	2012年12月，在深圳“2012中国营销盛典”评选活动中，当选“2012中国十大营销人物”
2013年	2013年3月，在广州“第八届中国酒店星光奖”评选活动中，当选“2012中国酒店业十大年度人物”
	2013年3月，在“中国饭店2013年会暨第十三届中国饭店论坛”评选活动中，当选“年度影响力人物”
2014年	2014年3月，在中国饭店金马奖评选活动中，当选“中国酒店业年度十大影响力人物”，获颁中华英才白金五星勋章

附录02

7天大事记

年份	大事记
2005年	2005年3月7天第一家分店——广州北京路店开业
	2005年4月7天网站开通
	2005年4月自主开发的中央预订系统（CRS）和会员系统正式投入使用
2006年	2006年1月荣获第二届（2005年度）“中国经济型酒店十大影响力品牌”
	2006年5月荣获“首届中国营销金麒麟奖”之“十大新锐营销标杆企业”
	2006年11月荣获“2006中国连锁业成长最佳品牌”
	2006年11月获得美国华平投资集团（Warburg Pincus）注资
2007年	2007年1月荣获第三届（2006年度）“中国经济型连锁酒店自主创新最具影响力品牌”
	2007年2月荣获“2006中国酒店星光奖”之“中国最佳经济型连锁酒店”
	2007年4月荣获广东省消费者委员会授予“承诺诚信单位”
	2007年4月获邀成为“中国饭店协会经济型饭店专业委员会企业委员”
	2007年5月7天在全国拥有连锁分店突破100家
	2007年5月开通24小时手机短信预订服务
	2007年9月荣获“2007年度最具成长性连锁品牌”
	2007年9月获得美国华平、德意志银行、美林集团9500万美元融资
	2007年10月开通24小时手机WAP预订服务
	2007年11月荣获“中国创业投资价值榜·潜力企业50强”
2008年	2008年1月荣获“2007年度中国十大最佳连锁企业”
	2008年1月荣获“2007年度中国最佳经济型连锁酒店”
	2008年5月荣获“2008中国高成长连锁企业50强”

续表

年份	大事记
2008年	2008年5月荣获“网站预订最快捷方便奖”“最经济实惠酒店奖”
	2008年5月荣获“阿里巴巴十大生活服务网商”
	2008年6月荣获“21未来之星——最具成长性的新兴企业”
	2008年7月荣获“2007年度广州旅游信息化工作先进单位”
	2008年9月创建国内首个经济型连锁酒店跨区域联盟“星月联盟”，让区域性中小规模经济型酒店获得更大的发展空间，也让国内排名第三的7天实现快速、低成本扩张
	2008年10月获得英联投资、美国华平6500万美元注资
	2008年11月注册会员已近500万人
2009年	2009年1月7天网站在经济型连锁酒店网站Alexa排名第一，成为全球第一酒店网站
	2009年1月拥有分店数突破300家
	2009年8月在7天官网推出试用版“快乐七天”SNS社区
	2009年11月20日，7天赴美上市，成为纽交所首家中国酒店
	2009年12月拥有分店数突破400家
2010年	2010年7天宣布今后拟100%直销，即进一步缩小推广成本，将省下来的分销所支付的佣金让利给会员
	2010年9月26日，7天集团CEO郑南雁与雅兰集团董事兼深圳雅兰家具有限公司总经理施莉琳，在广州签署战略合作协议，宣布将在两年内对全国范围内所有旗下酒店的床垫进行升级改造
2011年	2011年3月16日，7天获颁“中国最具投资价值酒店品牌”
	2011年7月1日，7天成功收购华天之星打造经济型酒店第一品牌
	2011年9月，7天第800家分店开到拉萨
	2011年11月29日，7天荣获两项旅游服务大奖
	2011年12月15日，7天荣获“2011年度最具价值企业电子商务奖”

续表

年份	大事记
2011年	2011年12月16日，7天“Q+服务认证”项目获颁创意营销奖
	2011年12月31日，7天宣布完成华天之星股权收购
2012年	2012年5月10日上午，7天披露了2012年第一季度的业绩报告。财报显示，7天延续了过去几个季度以来的快速增长态势——第一季度净营收为人民币5.45亿元，同比增长29.6%；调整后归属于股东的净利润为人民币2780万元，同比增长84.3%，这是7天自2010年第一季度以来连续9个季度持续盈利
	2012年12月，7天旗下的分店规模已经突破1500家，其中管理店业务发展迅速，已经率先突破1000家。7天成为中国经济型酒店行业管理店业务发展最快的品牌
2013年	2013年3月，荣获“中国最佳经济型连锁酒店”称号
	2013年6月27日，7天集团从美国退市
	2013年7月1日，7天集团全国分店总数突破1800家，覆盖国内超过240个主要城市，拥有会员人数近6000万人
	2013年7月17日，7天被铂涛酒店集团私有化收购
	2013年9月，荣获“最具影响力投资价值管理品牌”
	2013年9月30日，7天已成功超越对手跃居行业规模第一
	2013年11月23日，7天蝉联“C-BPI中国快捷酒店行业第一品牌”
2014年	2014年1月，7天会获评BiaNews“年度企业微信号”
	2014年3月13日，7天第五次荣膺“中国最佳经济型连锁酒店”
	2014年7月17日，7天品牌荣获“中国大学生最喜爱十大酒店品牌”
	2014年9月9日，铂涛酒店集团获提名入选达沃斯论坛全球成长型公司
	2014年10月1日，7天马六甲店盛大开业
	2014年12月，7天清迈店将盛大开业
2015年	2015年2月10日，国内首个互联网酒店品牌IU酒店亮相

参 考 文 献

[1] 萧夜．7天连锁酒店微信粉丝暴增140万的秘密．http://www.chinawyx.com/show-1018.html，2014-05-16

[2] 7天连锁酒店领跑经济型酒店APP，下载量位列第一．中国广播网，2013-09-18

[3] http://www.7daysinn.cn/．7天快讯栏目的部分文件

[4] 7天连锁酒店：值得其他经济型酒店学习的经营管理模式．中旭文化网，2013-07-05

[5] 7天连锁酒店蝉联“C-BPI中国快捷酒店行业第一品牌”．人民网，2013-11-08

[6] “7天会”获评Bia News“年度企业微信号”．中国经济网，2014-01-26